ROMANCE:
HISTÓRIA DE UMA IDEIA

JULIÁN FUKS

# Romance: História de uma ideia

Copyright © 2021 by Julián Fuks

*Grafia atualizada segundo o Acordo Ortográfico da Língua Portuguesa de 1990, que entrou em vigor no Brasil em 2009.*

*Capa*
Bloco Gráfico

*Imagem de capa*
Sem título, de David Galasse, 2019, risografia, 13 × 19 cm

*Preparação*
Ana Alvares

*Índice remissivo*
Luciano Marchiori

*Revisão*
Angela das Neves
Carmen T. S. Costa

Dados Internacionais de Catalogação na Publicação (CIP)
(Câmara Brasileira do Livro, SP, Brasil)

Fuks, Julián, 1981-
    Romance : História de uma ideia / Jilián Fuks. — 1ª ed. — São Paulo : Companhia das Letras, 2021.

    Bibliografia
    ISBN 978-65-5921-037-4

    1. Criação (Literária, artística etc.) 2. Narrativa (Retórica) 3. Romance – História e crítica I. Título.

21-56985                                            CDD-809.3

Índice para catálogo sistemático:
1. Romance : História e crítica    809.3

Cibele Maria Dias – Bibliotecária – CRB-8/9427

[2021]
Todos os direitos desta edição reservados à
EDITORA SCHWARCZ S.A.
Rua Bandeira Paulista, 702, cj. 32
04532-002 — São Paulo — SP
Telefone: (11) 3707-3500
www.companhiadasletras.com.br
www.blogdacompanhia.com.br
facebook.com/companhiadasletras
instagram.com/companhiadasletras
twitter.com/cialetras

# Sumário

*Breve advertência ao leitor*............................... 7

O que é o romance?.................................... 11
    Realismo e real .................................. 15
    Nascimento e morte .............................. 18
    Continuidade e ruptura ........................... 24
    Arte e moralidade ................................ 27
    Romance e romancista ............................ 32

A suposta ascensão .................................... 33
    A verdade (Defoe).................................. 33
    A virtude (Prévost, Marivaux, Richardson) ........... 41
    A linguagem (Fielding) ............................ 53

O aparente apogeu..................................... 63
    A desesperança (Goethe).......................... 65
    A história (Stendhal, Balzac)....................... 68
    A linguagem (Flaubert, Dostoiévski)................ 85
    A esperança (Tolstói) ............................. 101

A queda espetacular .................................. 106
    O tempo (Proust) ................................ 108
    A consciência (Joyce, Woolf) ...................... 115
    O livro (Macedonio Fernández)..................... 133
    O fim (Beckett) .................................. 140

A reascensão possível ................................ 150
    O novo (Sarraute, Robbe-Grillet).................. 152
    O mágico (Cortázar, García Márquez, Vargas Llosa) ... 159
    O híbrido (Sebald, Coetzee) ....................... 168

*Agradecimentos*...................................... 181
*Notas* .............................................. 183
*Referências bibliográficas*........................... 195
*Índice remissivo* .................................... 203

# Breve advertência ao leitor

Crítico algum, teórico algum, historiador algum, romancista algum jamais escreverá a história do romance. Essa matéria não cabe em poucas centenas de páginas, ou mesmo em milhares. Essa matéria exigiria toda a infinidade de páginas já concebidas sob a alcunha de romance — como o mapa borgeano que, para retratar com perfeição um império, se estendeu precisamente por todo o seu território. A história do romance seria escrita, assim, por todos os romancistas em conjunto, através dos impérios e dos séculos, num empenho infinito que acabaria por igualar o romance e sua história, o romance e sua teoria, o romance e sua crítica.

Eu sou apenas um romancista. Se aqui me proponho a percorrer uma história do romance é por pensar que não convém a um romancista se isolar em seu tempo, desconhecer os grandes feitos de outros, ignorar as vozes que o precedem. O passado, mesmo que o escritor não o perceba, age de maneira inelutável sobre o presente, como uma força subterrânea que o afeta em todos os seus aspectos. Tanto melhor para o romancista, acredito eu, é se fazer consciente dessa presença inescapável, admitir ao menos para si a vastidão inevitável das influências — seja para deixar que as obras admiradas incidam sobre a sua e a transformem, seja para tentar superá-las, quem sabe até destruí-las, com a novidade de sua própria obra.

Mas esta não é propriamente uma história do romance, e sim a história de uma ideia. Talvez para fugir um pouco da exorbitância da matéria, preferi fazer apenas visitas esporádicas à concretude das obras e tentar cravar os olhos numa abstração: aquilo que, ao longo dos séculos, alguns romancistas definiram que o gênero era ou deveria ser — não o romance em si, mas sua quimera. Tomei como objetos preferenciais, então, prefácios, ensaios, cartas, biografias, testemunhos, entrevistas, e, só nos pontos em que se fizeram mais digressivas e reflexivas, as próprias ficções, em passagens francas ou alusivas sobre o exercício da escrita. Essa é a base do que pude fazer, esse é o ponto de partida deste empenho — ambicioso, sim, mas sem pecar pela ambição da completude, como não poderia deixar de ser.

Sobre esta última ressalva vou precisar de mais algumas linhas. Esta não é a impossível história do romance, insisto, é o comentário possível sobre uma história que outros já tentaram contar algumas vezes. Tomo como protagonistas alguns sujeitos consagrados no tempo, romancistas que certa cultura literária se preocupou em canonizar, em julgar que eram os mais importantes. Seus nomes se espalham pelo texto plenamente reconhecíveis, sem que sejam necessárias as apresentações formais. Enfrento, então, os problemas próprios à noção de cânone: sua injustiça, sua contingência, sua arbitrariedade, sua submissão a domínios econômicos e culturais, seus critérios tão distintos dos literários. Como consequência, o objeto do meu comentário tem os graves defeitos costumeiros: é europeu demais, branco demais, masculino demais, e as aparições que destoam disso só podem ser excepcionais.

Se algo me redime da crítica merecida é o impulso central desta proposta: o pendor pela negativa. Evoco uma história outras vezes contada para tentar vascular suas mentiras, mover noções pré-fabricadas, revolver concepções decantadas, calcificadas num conjunto sólido de convenções. O resultado não pode ser mais que um novo conjunto de convenções, composto, porém, por elementos bem mais maleáveis, por incertezas, dúvidas, relativizações. Em se tratando da história do romance, há algo de fundamental que se afirma, para que então se possa negar: o arco perfeito em que essa história costuma ser narrada, da ascensão promissora num espaço restrito e num tempo exato à queda crítica e traumática — passando por um apogeu de incrível potência que serviria de exemplo para a nova ascensão tão desejada.

Penso agora em Macedonio Fernández, escritor argentino que se propôs, há quase um século, a compor o último romance ruim, que estaria ali para abrir passagem ao primeiro romance bom. Eu não me arrogaria tal importância, mas confesso que veria com muito bons olhos se esta fosse a última história ruim do romance, e depois dela pudesse surgir uma profusão de histórias boas — histórias que fizessem justiça à multiplicidade do gênero, à sua diversidade irrestrita, histórias que contemplassem toda sua infinitude e sua liberdade. O romance tem, como uma de suas grandes utopias, o desejo de compreender até o limite o indivíduo. Mas o contrário jamais seria concebível, nenhum indivíduo seria capaz de compreender até o limite o romance. Eis, então, a minha utopia: que este ensaio, só em aparência objetivo, veladamente pessoal e íntimo, sirva de convite para que outros romancistas, teóricos e críticos escrevam as suas histórias do romance.

# O que é o romance?

Diante da dura missão de definir um conceito complexo, ou uma simples abstração, já se tornou um clássico rezar a Santo Agostinho e invocar seu comentário sobre o tempo: "Se não me perguntam o que é o tempo, eu sei; se me perguntam, então não sei". Borges disse sentir o mesmo em relação à poesia, apelando à citação para se poupar de defini-la em uma de suas conferências. Cecília Meireles preferiu transformar a ideia à sua maneira quando quis tratar da liberdade, "essa palavra que o sonho humano alimenta, que não há ninguém que explique e ninguém que não entenda". Para o romance, o tema que nos concerne, talvez a adaptação precise ser mais extrema. Se não me perguntam o que é o romance, não sei. Se me perguntam, sei menos ainda. O romance talvez seja outra palavra que o sonho humano alimenta, mas que não há ninguém que explique e ninguém que entenda.

Com a provocação não pretendo menosprezar os muitos esforços críticos que precederam este meu intento. Pelo contrário, quero valorizar o gesto que predomina nos que melhor souberam explicar o gênero, ou nos que melhor souberam entendê-lo: a recusa em oferecer definições estritas, unívocas, permanentes, o respeitoso receio diante de sua indeterminação, sua instabilidade, seu destempero. Fundamental nesses empenhos é a rejeição terminante de qualquer essência. O romance não se submete a nenhum conceito prévio de viés excludente — com este enredo sim, com este não; com este narrador sim, com este não; com esta extensão sim, com esta não — e também não responde a nenhum conjunto pronto de regras e procedimentos. Paradoxalmente, o romance só se define pela negação, como muitos se arriscaram a dizer: sua marca é a ausência de marcas, sua regra é a ausência de regras, e só o que lhe é imutável é sua mutabilidade eterna. Talvez valha então a formulação inversa: negativamente, o romance só se define pelo paradoxo.

Permito-me uma série de afirmações arriscadas para sustentar essa antidefinição primeira, decerto inconsequente. O romance é a um só tempo o impulso atemporal de narrar e a expressão imediata do presente. É a continuidade de um gesto antigo e também sua crítica — a ruptura com as fórmulas rígidas do passado, com seu dogmatismo, seus vícios solenes. Rompe com tudo aquilo que o precede, mas também consigo mesmo. É a repetição do mesmo ato narrativo, mas também sua mudança perpétua, tendo como fim o inacabamento. O romance é a crença firme na representação da experiência do ser, é seu exemplo mais bem-sucedido, e no entanto reforça a certeza de que o ser será sempre irrepresentável, sua experiência resistindo a qualquer mimese. Cada dualidade, logo se vê, esconde um paradoxo: uma fissura na ordem do simbólico.

O romance autoriza em si todos os procedimentos, nada o impede de utilizar para seus próprios fins o drama, o ensaio, o monólogo, a fábula, a epopeia, como propõe Marthe Robert,[1] mas ainda assim ele mantém sua singularidade, não se deixa dissipar em outros gêneros. O romance é uma força contínua que perturba e canibaliza outros gêneros, eliminando-os ou integrando-os, romantizando-os, como quer Bakhtin,[2] mas além de uma força é uma forma concreta, datada historicamente, eminentemente moderna, espelho partido de uma época. O romance é onívoro e inclusivo e guarda em si, como potência, todas as possibilidades realizadas e irrealizadas de sua matéria, mas o romance não é tudo em literatura, e nem toda narrativa é romance, por mais que queira se confundir com ele. O romance guarda em si, como potência, todos os paradoxos que a mente venha a conceber, mas essa declaração é exagerada e é bem possível que não se sustente.

Cada um dos incontáveis paradoxos do romance insiste em se disfarçar de divergência crítica, de confronto de perspectivas entre aqueles que o contemplam, perspectivas tantas vezes díspares e excludentes. Tal como o romance, a teorização sobre o romance é um campo de batalha onde se enfrentam interesses distintos, é uma zona de conflito onde ninguém está isento — e mesmo esta peroração em tom conciliatório não teria a pretensão de resistir à contenda. Se o romance é a morada dileta do paradoxo, e se a crítica do romance tão bem o reflete, é porque ele abriga a fissura do mundo em sua gênese. No romance o ruído do mundo se faz palavra, o alvoroço do mundo se ordena, mas ao fazê-lo se revela quanto essa ordem é fictícia, quanto a sucessão de palavras resulta equívoca e improcedente. É porque cada romance fracassa como retrato do mundo que um novo romance aparece, refutando as falsas verdades do primeiro, recusando suas arbitrariedades, sua ordem incerta.

Como estetização do real, cada romance devolve ao mundo não apenas sua imagem distorcida, mas também uma especulação empírica sobre o real e sobre a escrita: uma proposta estética específica em que escrita e real não são coisas diversas. Cada romance é uma teoria do romance ainda que assim não se conceba, uma teoria expressa na forma que o romancista engendra. O romancista, em sua obra, acaba por apresentar uma teorização mais abrangente que seu romance, uma configuração a ser apropriada ou descartada, uma estrutura a ser repetida ou destruída por quem o suceda. No microcosmo do romance, então, se enfrentam os muitos discursos do mundo e sobre o mundo, e vai ganhando corpo a algazarra de vozes em que consiste nossa existência. No microcosmo imenso formado por todos os romances, encenam-se os conflitos de uma sociedade e de um tempo, ou de uma sociedade no tempo, ou de muitas sociedades em muitos tempos.

Cabe no romance, assim, a vastidão de conflitos de que somos feitos, uma infinidade de contradições e ambivalências que a palavra converte em paradoxos, sem que seja possível a conversão inversa — por isso fracassa, como o romance, toda crítica que queira interpretá-lo a contento. Narrativas e narrativas, interpretações e interpretações, enfrentam-se todas como se não soubessem que todas erram. O caso é que as respostas não interessam ao romance, e as verdades nunca deixarão de fugir dele. Interessam-lhe as interrogações, os questionamentos, toda uma série de indagações que lhe são próprias, que constituem seu universo. Interessa-lhe apropriar-se da realidade suposta do mundo, mas tal realidade há de ser sempre múltipla e complexa, feita de eternas disputas, tensões inconciliáveis, cisões permanentes — disputas, tensões e cisões que o romance não pode senão absorver.

Nisso talvez consista esse gênero tão incerto, de origem imprecisa, cujo passado está sujeito a inúmeras polêmicas — um passado que o próprio romance inventa, a cada vez, como lhe convém. O romance se afirma infinitas vezes, e infinitas vezes mente. Se não se pode defini-lo, melhor será explorar suas mentiras, suas muitas provocações, suas questões mais prementes, tratando de cercar as zonas de tensão em que ele insiste em se consumir. Talvez assim possamos compreender algo de sua liberdade, algo de sua poesia, algo de seu tempo.

## REALISMO E REAL

Indeterminável, sim, indefinível, claro, mas se houvesse um traço determinante no romance, se um aspecto definitivo devêssemos ressaltar, seria sem dúvida seu pendor para o realismo. Essa é a obstinação que atravessa sua trajetória: assimilar o real como não o fez nenhuma outra forma literária, chegar ao âmago da realidade através de sua representação mais expressiva ou exata. Ir além de sua imitação, ir além de uma mera cópia: tornar-se a inscrição pura, imediata, imanente do mundo, e mesmo superior a ele, por revelar a estrutura que nele se esconde.[3] Para fazê-lo, porém, deve abdicar de qualquer pretensão de universalidade, de atemporalidade, deve escapar de generalidades falsas. O realismo do romance é sobretudo histórico, é específico por necessidade. Lukács o afirma com ênfase e com um didatismo que outras vezes lhe falta: "O romance busca descobrir e construir, pela forma, a totalidade oculta da vida" e, para tanto, "todos os abismos e fissuras inerentes à situação histórica têm de ser incorporados".[4]

Em qualquer origem que se conceba, ou quase, a ascensão do romance corresponde à ascensão do realismo, tendo lugar no que se convencionou chamar de modernidade. A tal ponto estão imbricados esses conceitos que os termos insistem em se amalgamar: "romance realista", "romance moderno", "romance" nomeiam tantas vezes a mesma abstração, o mesmo objeto inqualificável. O romance se erige como gênero dominante numa cultura que começa a se livrar de algumas ingenuidades clássicas, instaurando em seu espaço outra ingenuidade, ainda impávida, ainda imaculada. O romance nasce, como afirma Lukács, "no início da época em que o deus do cristianismo começa a deixar o mundo; em que o homem torna-se solitário e é capaz de encontrar o sentido e a substância apenas em sua alma".[5] Nasce, então, da morte de certa crença, de certa fé religiosa, mas adota de imediato um novo dogma: a ideia ingênua, como acusa Watt, de que se pode tirar alguma conclusão sobre o mundo exterior a partir de uma experiência própria.[6]

Em seus primórdios, o romance pretendia ser mais realista que o rei, sobretudo porque os reis começavam a ser depostos. Tão realista se queria o gênero ao se instalar que até perdia de vista sua sonhada amplidão, sua prometida liberdade: mal surgia e já se configurava como um "método narrativo", proposto por ninguém, mas instituído de obra em obra, ou mantendo essa instituição progressiva como principal horizonte. Watt descreveria o método com contornos rigorosos, ainda que nenhuma obra pudesse empregar à risca todas as propostas, nenhuma cumprisse aquele ideal, nenhuma seguisse todas as técnicas previstas no que ele chamaria de "realismo formal".

Não era apenas a dissolução de práticas arcaicas, a recusa da linguagem elevada e dos tipos universais, o abandono de enredos aventurosos que já começavam a entediar. Era muito mais. Era um conjunto preciso de concepções e procedimentos a serem aplicados por quem quisesse alcançar alguma verdade: a fidelidade à experiência individual, sempre única e, portanto, sempre original; o foco em pessoas específicas e suas circunstâncias específicas, pessoas com nomes próprios semelhantes aos reais; o enredo de matiz biográfico costurado com a conduta plausível dos personagens; o narrador coerente, atento à passagem precisa do tempo e às relações de causalidade; o retrato objetivo do presente, com construção verossímil do ambiente e atenção às mais públicas ocorrências diárias; o emprego da linguagem referencial, com a rarefação de metáforas e outras figuras na elaboração de uma prosa fácil e clara, para dar impressão de autenticidade.[7]

Em suma, ainda que o conjunto possa impressionar, nada que não seja plenamente reconhecível por qualquer leitor habitual de romances, e não apenas aqueles escritos nessa etapa inicial: a mesma descrição sumária vale para a maioria dos títulos produzidos ao longo dos séculos que se passaram desde então, e continua a valer para a maioria dos romances que ocupam as livrarias atuais. Por mais exceções que se possa elencar, e por mais notáveis que sejam essas exceções, o realismo formal pareceu transcender sua própria historicidade, tornando-se, ao menos para Watt, o denominador comum do gênero como um todo, o elemento que mais se aproximaria de ser sua essência, de constituir sua lógica geral.

Objeções, como é evidente, não faltarão e não faltaram. O romance não sucumbiria assim àquilo que rejeitara, o universalismo, a atemporalidade, a generalidade falsa? E podia ter acesso à verdade uma obra literária, uma reunião convencional de palavras, só por uma pretensão altiva de seu autor, por um simples ato de vontade? Quanto a realidade se deixaria tangenciar por uma mera ficção que a ela se assemelhasse? Não mentiriam mais as obras que quisessem negar seu caráter ficcional, dissimular sua arbitrariedade? Quanto, também, não se empobrecia a arte narrativa com essa fórmula tão precária, com o abandono de suas tradições milenares, com o rebaixamento de sua linguagem?

Dessas e de outras questões se valeram então outras tantas obras, alimentando-se da descrença que as primeiras provocavam, vicejando na desconfiança, fazendo das várias suspeitas seus elementos primordiais. Tão rápido quanto se estabeleceu o romance, erigiu-se também seu maior rival: o próprio romance — ou o antirromance, que seria sua contraface perpétua. Contrariando de partida sua própria história, contrariando o mesmo impulso que o originava, o romance realista insurgiu-se contra as práticas do realismo para assim se fazer mais real. Antes mesmo que pudesse prosperar, a hegemonia do realismo formal viu-se ferida por dissidências inumeráveis: narrativas que esqueciam o mundo e apenas parodiavam outras narrativas, grandes romances que ironizavam os grandes romances realistas, escritos rebuscados e poéticos que resistiam a qualquer facilidade linguística, narrativas metaficcionais que escancaravam sua dimensão de artifício, e até o retorno de elementos fantásticos, rusgas na ordem da razão para acentuar a desrazão do mundo.

Se essa era já uma revolução da forma ou ainda uma força reacionária não seria fácil determinar — em grande parte, a história do gênero é a história dessa disputa, travada ao longo dos séculos nas próprias obras ou nos cadernos culturais. Em todo caso, de todo esse processo por que passou o romance, e em que consiste o romance, ao menos um aprendizado há de restar, feito de uma certeza e de uma suspeita. A certeza de que a realidade não se deixará sequestrar por qualquer convenção eventual, de que estará sempre sujeita às contingências da época, continuamente revista, continuamente estabelecida por um esforço comum.[8] E a suspeita de que, mesmo com a incansável busca que não parece disposta a cessar, nunca haverá uma plena coincidência entre o realismo e o real.

### NASCIMENTO E MORTE

Mas se é um gênero tão marcado pela instabilidade, e se a medida de sua ruptura é quase a mesma de sua continuidade, e se ele combate seu próprio presente quase tanto quanto o passado, como saber quando nasce o romance? Como saber quando se dá sua ruptura inaugural, a ser sucedida por outras menores, subordinadas talvez à original? Seria produto dos esforços de um único autor, um messiânico senhor a resgatar as letras do mundo com sua capacidade excepcional? Resultaria de uma transformação política, econômica e social, incidindo de passagem sobre a cultura, sobre os usos da literatura, sobre uma nova consciência dos autores e de um público leitor? Ou seria fruto de uma evolução gradual das formas, de um lento desenvolvimento na capacidade de conceber e construir as obras, até o elevado ponto em que alguns romancistas e alguns romances mereçam essa alcunha superior?

As três versões existem e persistem com argumentos válidos, como maneiras distintas de indagar e compreender o passado. Na primeira delas, difundida mais amplamente do que seria de se imaginar, Cervantes se revela como patriarca, fundador de uma tradição que muito se transformará, mas ainda tributária de seu modelo particular. É Dom Quixote o homem solitário que parte à procura de um sentido, o errante a cruzar campos desconhecidos, a devassar um vasto mundo para redimir a estreiteza de sua alma. O que lhe falta é uma problemática interna, aponta Lukács, e assim sua alma se transforma em pura atividade, sua vida se torna "uma série ininterrupta de aventuras escolhidas por ele próprio".[9] À diferença dos cavaleiros que o precedem na história, todas as aventuras que encontra são inadequadas, o mundo já não suporta seu heroísmo, e assim se produz "a primeira grande batalha da interioridade contra a infâmia prosaica"[10] — a primeira grande batalha entre o indivíduo sonhador e a realidade malograda, tópico marcante do romance durante toda sua trajetória.

Pela primeira vez, é possível, cria-se um imenso lapso entre o protagonista e o espaço por onde ele transita, espaço e sujeito se estranham, entram em conflito, e assim vai ganhando contorno nítido a consciência do indivíduo como fim em si — não apenas como parte de uma entidade maior, uma pátria, uma comunidade, uma família. Como nunca antes, dramatiza-se a relação entre o indivíduo e os interesses sociais, culturais, políticos — como nunca antes porque agora isso é feito com concretude, com minúcia irrestrita. Paradoxalmente, é o idealismo de Cervantes o que garante seu realismo: o idealismo de transgredir paradigmas vigentes na narrativa da época, e de criticá-los de maneira explícita, mas também de atravessar a fronteira entre ilusão e razão, entre sonho e vida, evidenciando que abstração e matéria só existem em referência mútua, são parte de um todo indiscernível. Essa completude da obra é uma de suas principais conquistas: quando Dom Quixote morre, lucidez e loucura se fundem e assim se encerra uma vida completamente íntegra, numa declaração completamente íntegra sobre a existência humana.[11]

Mas "*Dom Quixote*, como aliás quase todo o romance verdadeiramente grande, teve de permanecer como a única objetivação significativa de seu tipo", é o que Lukács afirma.[12] Antes de Cervantes, só narrativas medievais, novelas picarescas e pastoris, velhas histórias moralistas. Depois de Cervantes, por um longo tempo, só retrocessos e equívocos, tentativas fracassadas de retomar a complexidade de seu realismo. Como aceitar que o romance tenha surgido naquele instante, em 1605, em plena Espanha do Século de Ouro, como aceitar que o modelo tenha se propagado por toda a Europa Ocidental sem que nenhum novo romance digno desse nome tenha sido produzido por mais de um século, em parte alguma de um continente tão profícuo? Como compreender que o gênero só chegue a gerar um segundo exemplo significativo em circunstâncias tão díspares, na Inglaterra do século XVIII, como costumam apontar quase todas as cronologias?

Cervantes pode ser visto apenas como um precursor, não propriamente como um romancista, é o que muitos respondem, preferindo acusar a falácia das premissas. Seu exemplo é extemporâneo, um ponto anterior à ascensão do gênero que apenas serve como baliza, referência importante apesar de longínqua. *Dom Quixote* não poderia ser um romance moderno porque a modernidade ainda não estava constituída, porque mudanças fundamentais só se dariam mais tarde. Seu foco no indivíduo não seria mais que intuitivo, já que esse câmbio de perspectiva só ganharia força depois, na transformação filosófica que Descartes e Locke refletiram, situando o ser humano no centro de seus pensamentos. Que Cervantes não teorize sobre o gênero, que tenha dissipado o restante de sua vida muito mais em batalhas e prisões do que se dedicando a textos críticos, seria um bom indício de quanto o seu pioneirismo é casual e irrefletido — ou de como se exagera sobre os avanços estéticos de seu livro.

Para os defensores de uma postura historicista, o romance, a modernidade, o individualismo seriam impossíveis sem as mudanças econômicas que conduziram ao capitalismo, sem as mudanças sociais que acarretaram o crescimento da burguesia, sem as mudanças culturais que alavancaram o protestantismo.[13] É Robinson Crusoé, e não Dom Quixote, o homem solitário que parte à procura de um sentido, e a aventura de sua partida não é a da ilusão nostálgica, não é a da antiquada loucura, e sim a do lucro a ser alcançado pelo mais racional empreendedorismo. O homem abandonado por deus, ou pela fortuna, quer se tornar o deus monetário de sua ilha, quer fazer fortuna em âmbito terreno — é essa, ele acredita, a totalidade oculta de sua vida. Defoe seria então o patriarca do romance, ou, no mínimo, o último de seus precursores, antes que Richardson viesse a adotar a mesma autonomia individual e aplicar ao amor o mesmo grau de pragmatismo.

Vale ressaltar, entretanto, que o romance não se limita a refletir os valores de seu tempo; muitas vezes ele ajuda a criá-los, contribuindo para sua diluição ou seu predomínio. É falsa a percepção de que nesse momento os alicerces da modernidade estariam já estabelecidos: a fase era de transição, marcada por uma instabilidade de categorias, o capitalismo era incipiente, a aristocracia mantinha intacta boa parte de seu poderio.[14] Tal como Cervantes, tanto Defoe quanto Richardson precederam a modernidade em muitos de seus aspectos e, por mais que tenham acrescido a seu desenvolvimento, é inevitável perceber em suas obras uma infinidade de arcaísmos, a persistência de práticas antigas — a acumulação de peripécias em Defoe, o sentimentalismo exagerado de Richardson. Por muito que a modernidade e o romance lhes devam, o caso é que talvez eles sejam ambos anteriores à modernidade, talvez fiquem ambos aquém do que se quer como romance realista.

De século em século saltamos então em busca de uma fundação incontestável, em busca de um rigoroso início. Saltamos também de país em país, da Espanha à Inglaterra, da Inglaterra à França, onde esses precursores eram lidos com curiosidade, em paralelo à sua própria tradição narrativa, pujante como a dos vizinhos. E, se estamos falando do surgimento do romance na França do século XIX, os historicistas podem ficar tranquilos, pois o novo contexto sociopolítico estava bastante garantido: ali o velho regime sofrera sua mais terrível derrota, ali se dera a mais contundente revolução burguesa de que jamais se teve notícia, uma das pedras inaugurais da modernidade para tantos de seus intérpretes. E, passadas algumas décadas desde essa Revolução maiúscula, ali também tinha lugar uma desilusão característica, ali se difundia a sensação de que importantes ideais haviam se extraviado pelo caminho.

Quanto o romance moderno deve a essa desilusão é algo ainda a ser medido. Vemos agora personagens de interioridade mais ampla do que seus destinos, personagens decepcionados com a aventura que a vida lhes oferece. Nem resquício do messianismo de Quixote, nem lembrança do otimismo de Crusoé. Aqui se intensifica a problemática interior, ainda em disputa com o mundo exterior, um mundo que no entanto se revela carente de simbolismo épico, desprovido de todo sentido. Em lugar de deus ou da fortuna, "a predeterminação absoluta do malogro", "a evidência de que o fracasso é uma consequência necessária de sua própria estrutura".[15] Do fracasso do mundo moderno que acaba de se constituir, o romance que acaba de nascer deriva seu próprio fracasso — e já não o perderá de vista.

É Julien Sorel, e não Quixote, e não Crusoé, o homem solitário que parte à procura de um sentido, sabendo dessa vez que não o encontrará em lugar algum, que todo empenho seu há de ser infrutífero. Eis a lucidez de Stendhal, supostamente superior à de Cervantes e à de Defoe, decorrente de uma paulatina conscientização histórica e formal: a noção de que a existência de um ser humano de classe baixa, concebida de maneira realista, só pode resultar em desfecho trágico, só pode culminar em desdita. Aqui seguimos as postulações de Auerbach: *O vermelho e o negro*, que Sorel protagoniza, seria então a fundação do realismo moderno, do romance moderno, pelo radicalismo com que enquadra a vida de um homem numa realidade histórica concreta, em evolução constante, sem uma imagem modelar de sociedade, sem concessão a ilusões ou a falsos idealismos.[16] Para Auerbach, talvez possamos deduzir, o romance realista não surge como fruto imediato de um novo ideário moderno, ou como produto da vontade de um novo sujeito que se quer romancista, mas se desenvolve lentamente e se converte em sua rara e maior conquista.

Falamos, então, de um início, mas os termos já propõem uma culminação, e o sentimento geral pressupõe uma crise. Ascensão, apogeu e queda, os três momentos do romance se embaralham num só tempo, se indiferenciam: o gênero mal surgiu e já é tudo o que podia ser e antevê seu fim. O romance, como a modernidade, talvez, parece que ainda é construção e já é ruína.

Aqui, porém, a história não termina. Pelo contrário, aqui ou ali, em algum ponto impreciso desses três séculos, insinuando-se nas páginas de autores tão diversos, nessa obra ou naquela, infinitas vezes a história se inicia. Quem a contempla decide que romance quer ver nascer — o da vertigem autorreflexiva, o do pragmatismo eficaz, o do fracasso desiludido. O romance nasce de distintas maneiras na estima de quem o conceba, de quem queira fazer dele seu ponto de partida. Não há um nascimento do romance, há uma sucessão de nascimentos, uma sucessão de repetições e rupturas — repetições e rupturas que ganham eminência na ordem da literatura e de novo se repetem, e de novo são rompidas. Não há um nascimento do romance: há um nascimento e uma morte a cada livro.

CONTINUIDADE E RUPTURA

Se era de fato algo novo o que surgia, e se assentava, e persistia, isso permanece como interrogação, essa é mais uma de suas zonas de tensão, mais um entre os pontos de conflito. Defender o novo nesse contexto exige por vezes recorrer à tautologia: aquilo era novo porque assim se queria, porque muitos o enxergavam dessa maneira, porque se produzia um amplo debate sobre inovação em literatura, sobre os rumos inesperados que tomava a escrita.

Uma afirmação tautológica, porém, nem sempre é uma mentira: querer o novo em arte era, sim, uma novidade muito significativa, um câmbio importante de paradigma que se dava em múltiplos âmbitos e que acarretaria um dos processos mais extremos de transformação artística. Querer o novo e o abandono do velho, querer o novo em detrimento do belo, essa mudança quase sutil veio a provocar uma sucessão vertiginosa de abalos irresistíveis, com o estremecimento de tudo o que até então se concebia como arte, de tudo o que até então se conhecia. A interrogação que permanece é se o romance participa da tautologia: se é um agente ativo desse processo ou se apenas sofre de passagem suas consequências.

Que a resposta não é unânime nem simples, vê-se desde o mais básico elemento: a cisão que se dá no nome assumido pelo gênero. *Novela*, em língua espanhola, *novel*, em língua inglesa, revelam de modo direto a preocupação em afirmar uma novidade, em se diferenciar do que antes, e havia tempos, era chamado de romance. *Roman*, em francês, *romanzo*, em italiano, *romance*, em português, sugerem por sua vez uma continuidade, a permanência da tradição de criar histórias em línguas românicas, populares, de abdicar do latim e *romançar, romanzare, enromancier*,[17] a persistência do velho hábito de intercambiar histórias em volta da fogueira. Difícil dizer o que prevalece como característica do gênero — ou, ainda uma vez, difícil não dizer que prevalecem a disputa e a oscilação entre as duas tendências.

É sem dúvida como novidade que o romance começa a referir-se a si mesmo. Enquanto o nome não se faz consenso, enquanto alguns ingleses se digladiam em prefácios e resenhas para definir se o que fazem são *novels*, ou *histories*, ou *biographies*, acaba por se afirmar ao menos a noção de que há algo novo no mundo das letras, de que a partir desse momento a relação entre literatura e mundo não será mais como antes. Esqueçam-se as definições positivas, sempre controversas; nesse momento o que despontava era um ímpeto negativo, aquela nova recusa às obsolescências do velho romance praticado havia séculos, reduzidas agora ao conceito depreciativo de *romanesco*. A justaposição de episódios descontínuos, a acumulação de peripécias aventurescas, a óbvia polarização entre um herói e um vilão,[18] tudo isso caía por terra, em teoria, para dar lugar a uma nova crença nas possibilidades da representação, a uma nova consciência, a tramas mais realistas baseadas em critérios de necessidade narrativa, de verdade artística, a enredos fundados na objetividade e na razão que então ganhavam proeminência.

Se as narrativas que resultaram desse ímpeto eram de fato tão novas assim — se realmente criavam parâmetros inéditos para a literatura, alteravam a experiência da leitura, completavam o giro epistêmico que o novo contexto parecia exigir — talvez não seja a questão principal. Para que o romance fosse o gênero da ruptura, isso jamais poderia bastar: cada gênero que o precedia, afinal, fora novo ao menos uma vez, viera a público ao menos uma vez sem que suas normas fossem conhecidas. Eis o mérito moderno de qualquer forma em qualquer tempo, por mais arcaica que pareça aos olhos tardios que a observem — até o romanesco já tivera sua frescura, como é evidente, já fora esperado por algum público leitor, já contrariara em alguma medida essa espera. Para que o romance fosse o gênero da ruptura algo mais teria que acontecer: romper teria que se tornar sua lógica intrínseca, seu mecanismo fundamental. Romper — e não representar, e não tratar de ser real — teria que ser o seu dogma maior.

Quem ousará dizer, com máxima convicção, que não o foi? Quem poderá negar que a afirmação histórica do romance se deu por meio de sua obstinada negação, de sua autocrítica severa, da destruição impiedosa de qualquer uma de suas construções? Da recusa ao velho romance nasceu o romance, mas desde então ele não parece ter se cansado de recusar. Nem bem abatidas as ingenuidades do passado, o romance passou a se dedicar ao abatimento progressivo de suas próprias ingenuidades — a ambição do realismo, a crença absoluta na razão, o conjunto não assumido de suas novas convenções, todo conteúdo que o narrar encerrasse e que viesse a se tornar um de seus traços formais. Qualquer bom romance que se erigisse passava a ser inimigo dos demais: fixava-se no tempo e na história, canonizava-se, e assim se tornava a velha práxis que a nova narrativa crítica se empenharia em derrubar.

A isso quis chamar-se crise, mas uma crise tão prolífica pode ser difícil de aceitar. Foi essa a vertigem que se apoderou do romance cada vez mais, a fúria em destruir todo alicerce que começasse a se firmar, a obsessão pela mais absoluta instabilidade. Tudo, desde o esquálido apogeu do romance, viu-se alguma vez recusado: a firmeza da voz narrativa, sua confiabilidade, a trama progressiva, as relações de causalidade, o personagem coerente, o manejo cuidadoso de tempo e espaço, enfim, todo e qualquer resquício da condução certeira de um indivíduo em direção ao fatal desenlace. A isso se dedicaram tantos romancistas; a essa imperiosa negatividade o romance deve o que foi decerto um de seus auges, marcado por tantas grandes obras, endossadas por nomes como Proust, Kafka, Faulkner, Joyce, Woolf, Beckett. Assim o romance atravessou boa parte do século XX, o século de sua crise, a reboque das outras artes ou na linha de frente das vanguardas.

Aqui não há, então, paradoxo, aqui se encontra uma qualidade inquestionável, aqui há a certeza da ruptura como marca, alguém poderia alardear com entusiasmo, em euforia precipitada. Bastaria que passeasse um instante por uma livraria qualquer de seu bairro, bastaria que folheasse a esmo alguns romances ali dispostos, indiferente às datas, despreocupado com a origem dos autores, desatento aos títulos e às capas, para descobrir uma infinidade de obras que ainda seguem os parâmetros do romance anterior à crise, anterior à convulsão de sua forma. Mesmo no século XX, mesmo no ápice destrutivo, e muito antes disso, e muito depois disso, por toda parte em uma infinidade de obras, maiores ou menores, ainda modernas ou já clássicas, o romance se manteve firme em sua primeira proposta, entregue aos limites de seu realismo, fiel aos preceitos que o originaram. Uma continuidade das mais renitentes é também a sua marca, poderá explicar o livreiro com exemplos inúmeros à sua volta: a ruptura, que tanto ruído ainda provoca, não pôde ser mais que minoritária.

ARTE E MORALIDADE

Penso agora no romancista, desconfortável em sua cadeira acolchoada, ofuscado pela vela ou lâmpada que o ilumina, prostrado ante a branca imensidão da página. Penso no romancista e não posso senão partilhar sua insegurança, sua imobilidade. Como então entrar em comunhão com o real, como estabelecer algum pacto com a realidade, como afinal ser realista, como ao menos representar algo, qualquer coisa? Ante a imensidão branca da página, há uma informação simples que qualquer romancista aprende rápido: ali, na forja diária de sua obra, a realidade nunca se deixa propriamente capturar, apreender, assimilar. Ali, na labuta da linguagem, a realidade tem que ser construída, penosamente, palavra por palavra. O único trânsito possível do romancista com o real é de outra ordem, bem menos utópica, embora ainda talvez o console: quando seu livro estiver pronto, terá existência concreta, fará parte de um todo a que chamamos realidade.

O que construir, pergunta-se agora o romancista, que contribuição pode dar ao mundo para ajudar a completá-lo? Qualquer aporte livre terá valor imediato, ou convém construir um objeto de alguma utilidade, instrutivo talvez, ou divertido, engenhoso, radical? Convém criar o enredo mais mundano possível, o mais ordinário, ou compor com alguma mínima excepcionalidade uma história exemplar? Convém tratar de se aproximar ao máximo do real, pelo falso meio do verossímil, ou expressar a verdade tantas vezes expressa de que o real não se deixará tocar jamais? Se o romancista tem algum espírito crítico, se já leu o bastante de seus pares, sabe que essas questões são inúteis e que estão mal formuladas, que muito já se falou sobre elas, que não merecem respostas precipitadas. Se tem alguma vivência, no entanto, se já penou um pouco em seu narrar, sabe que são questões inescapáveis.

Já os primeiros romancistas, fossem quem fossem, digladiavam-se em torno do conteúdo desejável ao romance, em torno de sua moralidade ou imoralidade. As obras romanescas eles julgavam frívolas, condenando o fato de acalentarem os tolos corações de jovenzinhas desinformadas, de alimentarem assim fantasias disparatadas. Nos primeiros romances modernos, também jovenzinhos e fidalgos entregavam-se ao hábito ocioso: Quixote perdia o juízo lendo livros velhos, como faria a Bovary de Flaubert algum tempo mais tarde; o menino Sorel era recriminado com dureza por seu pai, pelas horas de dissipação em páginas imprestáveis. O novo romance que surgia, muitos passaram a defender, devia servir de algum reparo a esses males: devia divertir, como os anteriores, mas também instruir, também transmitir os bons costumes, apregoar a virtude, estimular o recato.

À ambição mais estrita do realismo somava-se então uma exigência que lhe era oposta: mulheres e homens seriam retratados não como são, mas como deveriam ser,[19] para que servissem de exemplo aos leitores incautos. Os desafios cotidianos de um indivíduo qualquer podiam até ser abordados sem ressalvas, seus vícios expostos, suas virtudes sopesadas, desde que no fim alguma justiça imperasse: todo vício fosse punido e toda virtude, recompensada. O mundo ainda não havia sido tão abandonado por deus, é o que fica claro; por alguma intervenção divina muitos ainda esperavam, como esperam até hoje. Nem os mais racionalistas conseguiam se salvar, ao denunciar a improbabilidade desses arremates indulgentes: nessa época, no puritano século XVIII, verossimilhança e decoro andavam de mãos atadas, e ai do imoral que quisesse libertá-las.

Talvez nunca tenha sido tão evidente quanto nesse momento o modo como o romance excede a imitação da realidade, o modo como se propõe a moldá-la — e como pode ser muito bem-sucedido nessa proposta. Sobre as mulheres inglesas desse tempo, mulheres que eram as maiores consumidoras, protagonistas e criadoras do romance, sua influência talvez alcance limites antes imponderáveis. Acompanho aqui a reconstituição histórica feita por Sandra Vasconcelos:[20] numa época em que certa mobilidade social se exacerba e o casamento ganha valor comercial, tornando-se quase a única saída para mulheres menos abastadas, é o romance que se ocupa de ensinar a elas a necessidade da decência e da castidade, duas de suas poucas moedas de troca. Na esteira de Pamela e Clarissa, protagonistas de Richardson, inundam-se as narrativas de mulheres pretensamente valorosas cujas maiores virtudes são a delicadeza, a fragilidade, a subordinação, a domesticidade. Fica patente a interferência do romance na construção de um discurso sobre a feminilidade, a ser confundido a partir de então com uma essência feminina.

A mulher, tal como alguns achavam que devia ser, torna-se a mulher tal como muitos acham que é, num tortuoso realismo a posteriori. Se era nefasta a influência exercida pelas velhas narrativas romanescas, se elas de fato corrompiam expectativas e subsumiam suas leitoras num irrealismo delirante, bem se vê como pôde ser igualmente nefasta a influência exercida pelo romance, corrompendo desejos de emancipação e igualdade, impondo como verdades algumas noções que se provaram falsas.

Nesse julgamento, porém, é preciso tomar cuidado para que a questão não perca complexidade. Talvez seja prudente não esquecer quanto nos parecia ridícula a avaliação de que o romanesco tinha efeitos perniciosos pelo excesso de estímulo à fantasia, algo que hoje nos é tão caro. Convém desconfiar que o mesmo determinismo pode estar presente nas recriminações de agora, ao menos quando carentes de uma visão abrangente e de uma compreensão contextual. O modo como o romance participa da construção da realidade nunca é mecânico nem automático, nunca pode ser simplificado: se é histórica e contingente a realidade que o romance deve refletir, histórica e contingente é a realidade que ele pode transformar.

Seja como for, complexidades e simplificações não parecem eximir o escritor de sua responsabilidade. Indiferente, ou quase, às transformações da forma, o debate sobre os imperativos morais do romance atravessou agitados séculos e chegou pouco alterado às pós-vanguardas. É Sartre quem interpela agora o prosador e o exorta a encontrar respostas: com que finalidade você escreve, você tem alguma coisa a dizer? "A prosa é utilitária por essência", e "o escritor é um *falador*: designa, demonstra, ordena, recusa, interpela, suplica, insulta, persuade, insinua. Se o faz no vazio, [...] é um prosador que fala para não dizer nada". O romancista lida com significados, continua Sartre, e essa é sua maneira de agir, cabendo-lhe tomar partido e assumir uma posição clara: "que aspecto do mundo você quer desvendar, que mudanças quer trazer ao mundo por esse desvendamento?".[21]

Adorno não demorou a confrontá-lo, entendendo o contexto que levava Sartre a se posicionar, o diagnóstico de que a literatura então se perdia, se evadia em banalidades, mas rejeitando sua proposta final. Nenhum engajamento fácil salvaria o romance: "o mais grave que se pode dizer contra o engajamento é que até as melhores intenções soam falsas quando são advertidas, e mais ainda quando enquadradas com essa finalidade". Falsas também, segundo ele, são as certezas prévias que qualquer narrativa queira sentenciar: "Quanto menos as obras têm que proclamar alguma coisa em que elas não acreditam plenamente, mais certeiras elas se tornam".[22] Se a arte se quer viva, se quer recobrar algo de sua eficácia, deve ser autônoma, deve ignorar seu efeito no mundo, atentar apenas a sua elaboração formal. Que ninguém mais pergunte com que finalidade o escritor escreve: escrever é a própria finalidade.

Volto a pensar no romancista, acovardado, indeciso, assustado ante a mudez da página, seus pensamentos perdidos em algum lugar entre Adorno e Sartre. Nenhuma síntese lhe é possível, ele sabe: toda acomodação de opostos seria sem dúvida forçada, uma diluição indolente do paradoxo, uma fuga ao conflito necessário.

Deve parar de fugir, o romancista se convence, deve deixar que o romance e suas histórias e todas as indagações teóricas recuem a um pano de fundo, e deve enfim se pôr a trabalhar. Já compreendeu, afinal, por ter lido em Lukács,[23] que sua intenção e sua ética serão visíveis na configuração de cada detalhe, tornando-se, impreterivelmente, um elemento estrutural de sua obra. Já aceitou que o romance é sempre algo em devir, um processo, e que por isso é a forma mais ameaçada. Já intuiu, se Lukács não o deixou tão claro, que as palavras podem truncar toda e qualquer mensagem, que o fracasso de seu romance chega a ser inevitável, e que, paradoxalmente, esse pode ser o seu valor maior.

## ROMANCE E ROMANCISTA

Diante da dura missão de definir o romancista, rezo a Baudelaire, e não a Santo Agostinho. Num poema que ainda demora a ser esquecido, Baudelaire fala de um amplo céu cinzento sob o qual caminham alguns homens curvados, levando um grande peso às costas. Não sabem aonde vão, é o que ele descobre logo, embora tenham a certeza de que vão a algum lugar, pois são impulsionados por uma vontade invencível de andar. Há fadiga e seriedade em suas faces, mas não há desespero algum. Caminham, esses homens, caminhariam também mulheres, com a fisionomia resignada dos que são condenados a esperar, mas nunca com indiferença — indiferença é o que pode abater aqueles que os veem passar.

O peso que carregam, o peso que lhes oprime as costas, Baudelaire chama de quimeras: cada um com sua quimera.[24] Eu me pergunto se o romance não será uma quimera, e se não serão romancistas esses homens e mulheres que as carregam.

# A suposta ascensão

A história não se inicia, não poderia ter início a história. Todo ponto de partida é sempre um ponto intermédio: abre um passado tão vasto quanto o futuro que anuncia. O que fica para trás poderia fazer parte da história, a ela em muito se assemelha, é feito de sua mesma matéria, mas quem parte tem que escolher de onde partir. Isso que vem antes será considerado, como é óbvio, antecedente, a ser visitado circunstancialmente, quando convier. O que vem pela frente, por sua vez, constitui o campo de atuação direta de alguns sujeitos, tidos por protagonistas, sendo suas ações, suas concepções, suas palavras, o corpo principal desta narrativa. Nada impediria que fossem outros esses sujeitos, outros os protagonistas. Por mais assertiva e reta que a narrativa se deseje, esta história poderia ser muito diferente.

A VERDADE

Escolho começar por Defoe, ainda que ele possa não ser um romancista. Escolho começar, melhor, por alguma mulher inglesa de um distante início de século, que decide dissipar as poucas horas que lhe sobram no dia lendo a biografia de um marinheiro. Suas aventuras parecem incríveis, as do tal Robinson Crusoé, cidadão de York, mas ali, sob a luz tênue de uma única vela, talvez pelo tédio que essa mulher sente, talvez pelo contraste com sua vida tão doméstica, ela prefere acreditar nele, prefere crer que ele de fato passou por tudo aquilo que escreveu. Assim também o fez Daniel Defoe, o editor quase sexagenário desse livro diferente: recebeu os manuscritos daquele homem de vida errante e aventureira, e quis acreditar que eram sinceros. "O editor crê tratar-se de uma história verdadeira dos fatos; tampouco há nela aparência alguma de ficção",[1] é o que escreve Defoe em seu prefácio, embora ressalte também que as maravilhas dessa vida excedem tudo o que é existente.

Eram impressionantes os entreveros que aquele homem tivera de enfrentar. Sem nunca ter topado com nenhum dragão, sereia ou monstro dos mares, com nenhuma entidade sobrenatural, Crusoé fora o único sobrevivente de um naufrágio e se vira isolado numa ilha tropical. Nem Deus, nem a Fortuna, nem a Providência puderam salvá-lo: o jovem marinheiro tivera que resolver cada um dos muitos percalços com a força insuperável de sua vontade, com sua determinação inabalável. Ao ler seu relato posterior, a mulher podia reviver a emoção de cada ato, titubear com ele nos principais desafios, indagar a melhor maneira de agir em circunstâncias desfavoráveis. Aquele homem, por mais improvável que fosse, a ela se assemelhava em algo, aquele homem a encarnava, partilhava com ela seus dilemas morais, suas batalhas diárias — a mesma solidão debaixo do firmamento impassível. Era um homem comum, com um desejo comum de prosperar. Era um homem comum no exercício comum de sua liberdade, e que resolvera oferecer suas palavras para a apreciação de seus conterrâneos. A mulher agora o conhecia sem nem precisar ir a York; a mulher agora o conhecia graças à boa intervenção de Defoe.

Não era um truque novo, sabemos todos, esse de remeter a autoria a alguma figura mais distante das letras, mais próxima dos atos, menos sujeita ao escrutínio dos leitores. Pelo contrário, era um truque tão velho quanto o tempo, tão velho quanto o desejo de verossimilhança, tão velho ao menos quanto o romance. Cervantes já se valera dele em sua obra maior, em seu *Dom Quixote*, alegando ser o detentor de um original árabe encontrado ao acaso num mercado de Toledo e traduzido sob encomenda. Os contemporâneos de Defoe também o conheciam bem: Swift, em suas *Viagens de Gulliver*, declararia Gulliver seu amigo íntimo e antigo, até seu parente pelo lado materno, que por isso lhe teria confiado seu manuscrito; Marivaux receberia de um conhecido os cadernos de uma mulher guardados havia décadas no fundo de um armário, e com eles organizaria *La Vie de Marianne*. Até Horace Walpole, anos mais tarde, invocaria para seus escritos de terror fantástico uma origem outra, mais plausível, mais confiável, um velho livro impresso em letras góticas em Nápoles e encontrado na biblioteca de uma família católica — mas Walpole é um caso à parte, pois o sucesso fez com que ele preferisse se apoderar da autoria já na edição seguinte.

O que talvez diferenciasse Defoe, o que talvez convencesse a mulher que se entregava à sua obra, era também a tenacidade e o fervor com que o suposto editor defendia a veracidade da história. No segundo volume, ele já vociferava: "Todos os esforços dos invejosos em condená-la por ser uma história romanesca, de buscar nela erros de geografia, inconsistências no relato e contradições factuais, provaram ser malogrados, e tão impotentes quanto malévolos".[2] No terceiro, diante da renitência dos detratores, ele passara a pena para que o próprio Crusoé se afirmasse, com a efusão autoelogiosa que lhe era de praxe:

numa palavra, as aventuras de *Robinson Crusoé* são o esquema completo de uma vida verdadeira de vinte e oito anos, vividos nas circunstâncias mais errantes, desoladas e aflitivas que jamais um homem experimentou, e durante a qual eu vivi tão longamente numa vida de maravilhas em tormentas permanentes, lutei com os piores tipos de selvagens e canibais, por incidentes inexplicáveis e surpreendentes; [...] sofri todos os tipos de violências e opressões, censuras injuriosas, o desprezo dos homens, ataques de demônios, correções vindas do céu e oposições na terra; tive inúmeros altos e baixos em questões de fortuna, fui submetido a escravidão pior que a *turca*, escapei graças a uma habilidade primorosa [...], levantei-me novamente e caí novamente e isso talvez mais frequentemente na vida de um homem do que jamais se teve notícia antes; naufraguei frequentemente, embora mais por terra que por mar. Numa palavra, não há uma circunstância na história imaginária que não aluda à história real e ecoe parte por parte e passo a passo a vida inimitável de *Robinson Crusoé*.[3]

Por muito que parecesse, isso não era um *romance*, não era também *novel*, como Defoe insistiria quantas vezes fossem necessárias: isso tinha outro nome, era uma história privada, uma história pessoal, uma biografia fraudulenta — embora o último adjetivo ele se privasse de confessar. Talvez não seja difícil entender por que ele se defendia tanto. Por essa época as invenções mais suntuosas, as peripécias mais extravagantes, mesmo aquelas semelhantes às que se sucediam interminavelmente em sua obra, não gozavam da estima de muitos. O próprio Defoe viria a declarar em público, em carta enviada a um jornal, seu desdém por todo esforço de ficção, seu desprezo pelos romances, essas obras

> em que o autor senta e inventa personagens que nunca existiram na natureza: enquadra uma longa história ou intriga cheia de acon-

tecimentos e incidentes, como as viradas de uma comédia, e, se chega a surpreender e a encantar o bastante para levar o leitor até o final do livro, não é irracional a ponto de esperar que acredite que seja verdade. Não, ele não quer se impor sobre a humanidade; seus únicos propósitos são divertir o público e conseguir algum dinheiro para pagar o alfaiate.[4]

Nascia então uma nova forma de ficção que se opunha à ficcionalidade? Nascia um romance que recusava sua condição de romance, que queria se associar apenas à realidade? Estaria surgindo uma nova escrita ficcional fundada no estranho corolário — tal como um colega de Defoe lhe indagaria, estupefato, numa carta — de que a maneira como você conta uma mentira faz com que ela se torne verdade?[5] Residiria a novidade nesse pacto diferente que se criava entre autor e leitor, pacto marcado por uma confiança sumária, por uma crença literal na autenticidade dos fatos?

Ao longo de quase toda sua vida, Defoe ouvira os apelos por uma maior assiduidade do verídico nos textos literários. Por quase toda parte, mas sobretudo entre os intelectuais que se debatiam do outro lado da Mancha, vivenciava-se um conspícuo câmbio de sensibilidade: uma rejeição aos velhos vícios do romanesco, o abuso da fantasia, o excesso de coincidências a estruturar o enredo; e, em seu lugar, uma exaltação das ocorrências cotidianas, do tempo presente, da coerência, "das cópias simples e fiéis da história verdadeira, tão parecidas a ela que por vezes as tomamos como a história mesma".[6] Nisso devia consistir, ao menos em teoria, a *nouvelle* francesa, praticada com certo descuido — cópias reduzidas não da realidade, e sim do próprio romanesco —, mas consagrada décadas depois, ao menos no termo que as nomeava traduzido ao inglês. Defoe podia detestar novelas tanto quanto romances, mas partilhava com elas o apreço pela verdade — ainda que ilusória ou quimérica.

A vantagem que levava sobre seus antecessores era o mundo mais moderno que se erigia à sua volta, mundo do capitalismo, em que os velhos dogmas minguavam diante de um dogma maior: a avidez do lucro. "O lucro é toda a sua vocação e o mundo inteiro seu território",[7] é o que Watt afirma sobre Crusoé, salientando o individualismo que o personagem encena, todas as suas relações reduzidas a mercadorias, encaradas sem muita ênfase. Nisso Defoe podia ter encontrado uma verdade de seu tempo, esse papel preponderante do indivíduo, aferrado apenas aos seus conflitos, atento aos seus próprios sentimentos. Para a surpresa dos críticos, a melhor representação do indivíduo no capitalismo era a história de um náufrago isolado numa ilha, e Defoe saberia muito bem expressar por quê:

> toda reflexão autêntica é sobre nós mesmos. Nossas meditações são todas solidão absoluta; nossas paixões exercem-se todas no isolamento; amamos, odiamos, desejamos, gozamos, tudo na intimidade e na solidão. Tudo que transmitimos aos outros tem por fim obter sua ajuda na realização de nossos desejos; o fim está em nós; o prazer, a contemplação, tudo é solidão e isolamento; divertimo-nos sozinhos, sofremos sozinhos.[8]

Nessas palavras, a um só tempo sentidas e austeras, talvez fique claro que Defoe não tinha como único propósito divertir o público — e que, para pagar o alfaiate, ele poderia encontrar outras maneiras. Divertir, por essa época, devia ser sempre a contraface de outra causa mais nobre: instruir, instituir a ficção como ensino, transmitir a moral tomando uma fábula qualquer como pretexto. Para Defoe, esse foi um desafio mais complexo, uma aventura que nem o próprio Crusoé poderia contabilizar entre suas façanhas costumeiras. Se havia sido simples convencer os leitores da veracidade de seu incrível enredo, não lhe resultava nem um pouco fácil provar a utilidade moral de sua obra. Quando muito, para além das vagas alegações da virtude e da piedade incentivadas por seu texto, conseguia insinuar a dedicação a uma questionável pedagogia do êxito, afirmando que sua obra "encoraja os que são vítimas dos acasos comuns ou extraordinários da vida a enfrentar dificuldades, com diligência e aplicação incansáveis, e a contar com a providência para obter sucesso".[9]

Seu caso tornou-se ainda mais complicado no livro que publicou em seguida. Agora a mulher a espremer os olhos na luz escassa de uma única vela deparava-se com a história insólita de Moll Flanders, ladra e golpista que abandonara sucessivos maridos e filhos para se entregar a uma vida de incontáveis despautérios. Para justificar as longas sequências de assaltos e trambiques descritos em detalhes, em linguagem ágil e displicente, o malabarismo retórico de Defoe se faz patente, ao menos quando ele destaca a intenção de "expor o crime" e oferecer "advertências para que estejamos mais atentos diante de toda espécie de imprevistos".[10] Podia então sua leitora fiel se tranquilizar quanto ao valor edificante de seu passatempo: terminada a leitura, ela se veria instruída nas artes e ofícios de escapar dos pequenos logros da cidade crescente.

Mas como, para alguns, essa valiosa função podia não parecer suficiente, Defoe se viu obrigado a seguir adiante em sua argumentação intrépida. Primeiro, percebeu a necessidade de se desculpar pelo caráter desbocado e vicioso da história que aportava aos leitores, fruto das origens decaídas da narradora, ressalvando que ele, como editor, se esforçara em eliminar sempre que possível o fraseado indecente e as ideias mais obscenas. Uma observação sagaz, decerto, porque o exime da responsabilidade do texto, ao passo que reforça sua verossimilhança. E que acaba por escusar, paralelamente, as muitas descontinuidades e inconsistências da narrativa, fazendo de suas falhas um inesperado mérito: aos olhos da ávida leitora, aquele discurso descuidado e talhado de incoerências ganhava uma legitimidade que ela nunca sentira em nenhuma obra literária, alcançando uma autenticidade sem precedentes.

O problema surgia na sequência da arguição, ferindo seus maiores esforços em tornar sua ficção convincente, atentando contra a impressão de realidade construída a tão duras penas. O mais recatado leitor, prometia Defoe, podia estar sossegado quanto à moralidade do livro; ele mesmo se certificara de que todo destino tivesse justiça, de que toda mensagem encontrasse proveito: "não há, em nenhuma parte dele, uma ação perversa que não dê origem a consequências infelizes; não se põe em cena um grande vilão que não acabe mal ou se arrependa; não se menciona ato criminoso qualquer que não seja condenado na própria narrativa, nem ação virtuosa e justa qualquer que não receba louvor".[11] Se isso era uma narrativa realista, a única conclusão possível era a de que, na Inglaterra do início do século XVIII, na Inglaterra de Defoe e das leitoras ávidas à luz de velas, a justiça dos deuses e dos homens funcionava incrivelmente bem.

Que romance nasce, então, se aqui nasce o romance? Será romance essa justaposição desordenada de episódios notáveis, de ocorrências improváveis, simplesmente porque respondem a uma noção mais racional da realidade e porque os personagens que os vivem se assemelham aos que os leem? Será romance essa ilusão de uma verdade, expressa na linguagem direta e rasteira que jamais entusiasmara os apreciadores das letras, com sua desestrutura, sua feiura assimétrica, suas muitas incongruências, com tudo aquilo que antes os autores se esmeravam em esconder? Será romance essa doutrina inescapável, essa estrita visão da virtude e do vício, da indecência e do recato, esse imperioso desejo de ensinar aos homens e às mulheres como devem viver?

A VIRTUDE

Auerbach não terá sido o único, mas foi talvez quem mais se intrigou com um curioso traço da literatura dessa época: seu apreço pelas lágrimas. Foi no século XVIII, diz o crítico, que as lágrimas começaram a adquirir uma importância que antes não tinham, descritas então com uma minúcia surpreendente. Choros copiosos, aflitos, desesperados, sim, mas sobretudo choros isolados e discretos despedidos por olhos expressivos, quase sempre de uma mulher, quase sempre bela. Choros a um só tempo anímicos e eróticos, acentuando a sensibilidade tão em voga no momento. Por que tão obcecados eram os autores em levar suas personagens ao pranto? Talvez como convite para que também leitores e leitoras se pusessem a chorar. Isso, ao menos, é o que Auerbach insinua ao recordar uma indiscreta dedicatória de Racine, na qual o dramaturgo francês se jactava de ter levado, com uma peça sua, honradíssimo, uma princesa às lágrimas.[12]

"Estudar a arte de comover os homens é aprofundar os segredos da virtude", explicaria Madame de Staël antes mesmo do fim do século, em seu célebre ensaio *Da literatura*. Incitar à virtude era o fim maior de qualquer obra que se levasse a sério, e o pranto compartilhado era a melhor maneira de testar sua eficácia. As lágrimas, podemos depreender, dariam corpo sensível à pureza, à inocência, à bondade: se passavam de uns olhos a outros, de personagens a leitores, eram um sinal inequívoco da transmissão desses valores, do alcance pretendido da mensagem. "A virtude se torna então um impulso involuntário, um movimento que passa no sangue e nos embala irresistivelmente como as paixões mais imperiosas", diz Staël, definindo em seguida: "a virtude é a um só tempo um transtorno da alma e uma verdade demonstrada; é preciso senti-la ou compreendê-la". Eis o valor que os novos romancistas haviam alcançado, segundo ela: "A única vantagem dos escritores dos últimos séculos sobre os antigos, nas obras de imaginação, é o talento para exprimir uma sensibilidade mais delicada, e de variar as situações e os caracteres por meio do conhecimento do coração humano".[13]

Emocionar, vasculhando para isso os meandros do coração, ou daquilo representado pela figura do coração, era o que pretendia o Abade Prévost em sua história de *Manon Lescaut* — a narrativa da qual tratava Auerbach quando teceu sua observação. Para vasculhar o coração era preciso habitar um espaço interior, senão a alma dos personagens, ainda e sempre inacessível, ao menos seus aposentos íntimos, os dormitórios, a mobília, as roupas. Apenas dez anos depois da aventura de Crusoé, não há resquício algum de sua ilha, de seu vasto céu, de seu amplo mar. A solidão que a tantos caracteriza ocupa agora espaço mais ordinário, o quarto privado que começava a se difundir na arquitetura local. Se a leitora entusiasmada de Defoe já se reconhecia em seu excêntrico herói, agora a identificação era tal que a história parecia se dar dentro de seu próprio quarto, no próprio espaço de sua leitura.

Aproximar-se não era um objetivo banal. Quanto mais perto a narrativa chegasse de seu receptor, maior seria seu poder de evocação, mais preciso o exemplo que poderia dar, mais direta sua aplicação. Contar a história de um amor juvenil — como quis, curiosamente, aquele abade — não era apenas entreter com uma aventura dramática, feita de emoções desmesuradas. O amor do *chevalier* des Grieux pela jovem Manon Lescaut, narrado pelo primeiro com toda sua imaturidade sentimental, devia traçar um quadro admoestatório sobre os riscos da imprudência amorosa, sobre o poder destrutivo das paixões. Prévost, ainda jovem à época, travestiu-se de homem maduro e incensou sua própria sabedoria em seu "Aviso do autor", aproveitando para se desentender da frivolidade de que alguém poderia acusá-lo:

Resta-nos então o exemplo que possa servir de regra a uma infinidade de pessoas no exercício da virtude. É precisamente para esse tipo de leitores que obras como esta podem ser de extrema utilidade, ao menos quando escritas por uma pessoa de honra e bom senso. Cada fato aqui relatado é um grau de luz, uma instrução que completa a experiência; cada aventura é um modelo a partir do qual podemos nos formar, bastando que cada um o adapte às circunstâncias em que se encontra. A obra inteira é um tratado de moral, reduzido agradavelmente a um exercício.

Um leitor severo poderia se ofender ao me ver pegar a pena, na minha idade, para escrever aventuras de fortuna e de amor. Mas, se a reflexão que acabo de fazer é sólida, ela me justifica; se é falsa, meu erro será minha desculpa.[14]

Aqui nem sequer caberá perguntar se um tratado de moral pode ser um romance. Estamos no âmbito da tragédia, daí também a fartura de lágrimas, mas cumpre notar que há um elevado grau de realismo, uma preocupação com o plausível que prenuncia mudanças futuras. "Uma cena diante do teatro é descrita com indicação exata da rua",[15] nota Auerbach, e sabemos que ele reconhece nisso um traço marcante do romance moderno, sua obsessão pela especificidade, sua precisão informativa. Mas é o próprio Auerbach quem denuncia quanto os personagens são patéticos, quanto os dramas são estereotípicos, e quanto o empenho todo se perde no moralismo e na superficialidade. Se *Manon Lescaut* resistiu à passagem dos séculos — e o condicional aqui deve ser levado a sério —, há de ter sido mais pela ópera que Puccini derivou dele do que pelo livro em si.

Desse mesmo ponto de partida, porém, do interior desse mesmo aposento íntimo, nesse mesmo ano e nesse mesmo país, surgiria uma narrativa muito mais rica e complexa, um passo bem mais largo na constituição histórica do romance como gênero. Do fundo de um armário, perdido havia décadas num vão aberto contra a parede, recupera-se enfim um manuscrito composto por diversos cadernos, enviados por uma tal Marianne a uma amiga cujo nome se desconhece, moradora daquela distante casa de campo. O sujeito que o encontra resolve enviar o original a Marivaux, dramaturgo reconhecido que também tratara de escrever romances em sua juventude, embora houvesse abandonado todas as tentativas antes de chegar a um desfecho. Marivaux se encanta com a escrita daquela mulher, tão atípica, tão consciente, tão sincera, e a publica convencido de que aquela só pode ser uma história verdadeira:

> Como alguém poderia suspeitar que esta história houvesse sido feita para divertir o público, devo advertir que eu a recebi de um amigo que realmente a encontrou [...] e tudo o que fiz foi retocar algumas passagens mais confusas ou negligenciadas. O fato é que, se esta fosse uma história simplesmente imaginada, tudo indica que não teria a forma que tem. Se assim fosse, Marianne não faria reflexões tão longas e tão frequentes: haveria mais fatos, e menos moral. Numa palavra, nós nos conformaríamos ao gosto geral do presente, que, num livro deste gênero, não é favorável a coisas um pouco mais refletidas e ponderadas. Não queremos nas aventuras nada além das próprias aventuras, e Marianne, ao escrever as suas, não levou isso em conta.[16]

Que Marianne não tinha existência concreta, que não passava de uma ficção de Marivaux, era algo que ficava claro no modo de publicação do livro, em fascículos muito espaçados que acompanhavam o tempo da escrita. Isso não é o mais relevante aqui: o que o autor revela em sua breve advertência é uma recusa à subserviência a modelos conhecidos, ao enredo ágil, ao regime de ações aventurescas. Recusa não apenas do romanesco, mas de qualquer conformação prévia que não respondesse às exigências da narradora e às necessidades de sua matéria: "Marianne não tem nenhuma forma de obra presente no espírito", ele completa. "Não é uma autora, mas uma mulher que pensa [...] esse é o tom que Marianne assume. Não é, se assim se deseja, nem o tom do romance, nem o da história, mas sim o dela."

Mais perto daquela leitora de que falávamos, parece, a narrativa não poderia chegar. Agora quase se pode dizer que é a própria leitora quem escreve, quem conta sua história, quem se permite transitar quase a esmo pelos pensamentos mais diversos — usando para isso sua linguagem habitual, privando-se de ornamentos, poupando-se de convenções que outros lhe impusessem. Hesitante, também, sem saber se o faz do jeito certo: "Falei no início de estilo, mas nem sei o que é isso. Como fazemos para ter um? Esse que eu vejo nos livros é o bom? Se for, então por que me incomoda tantas vezes? Este das minhas letras lhe parece passável? Escreverei mesmo assim".[17] Porque não sabe escrever um romance, ou porque não o deseja, porque está disposta a indagar-se sempre qual a melhor maneira de escrever, é que ela pôde se aproximar da autocrítica que caracteriza o gênero, da autoconsciência, e da liberdade disforme que um dia será uma de suas formas mais frequentes.

O realismo, como insinuara Marivaux em sua advertência, ou ao menos a impressão de realismo, é uma conquista inesperada dessa hesitação, dessa incerteza. Em sua ingenuidade aparente, em sua insegurança, Marianne avança até em uma noção mais profunda das questões de identidade, da multiplicidade de cada indivíduo, da distorção a que o submetem as palavras quando se querem precisas e neutras:

Quando digo que vou fazer um retrato dessas duas mulheres, quero dizer que vou dar alguns traços. Ninguém consegue saber por inteiro o que são as pessoas, ou ao menos eu não conseguiria. Conheço as pessoas com que vivo melhor do que poderia defini-las; há coisas nelas que eu não apreendo o bastante para dizer, e que eu só percebo para mim, não para os outros. Se eu quisesse dizê-las, diria mal. São objetos de sensações tão complicadas e de contornos tão delicados que eles se turvam no instante em que minha reflexão os contempla. Não sei mais como tomá-los para exprimi-los: eles estão em mim, mas não ao meu alcance.[18]

Na busca incansável dessas identidades, entretanto, ou na busca incessante da identidade da protagonista, é que a obra acaba por apresentar seu maior retrocesso. Outras falhas de seu realismo foram apontadas com pertinência — sua desatenção à vida material e às práticas do presente, sua omissão voluntária de qualquer contingência histórica, social ou econômica, a irregularidade das duas partes que a constituem, o fato de o romance ter ficado inacabado, também este —, mas é na questão da virtude que os limites da obra se afirmam com mais contundência.

O argumento é retrógrado de partida: a história que a narradora conta à amiga é a da procura por sua identidade extraviada, desde que sofrera um acidente de carroça na infância e perdera todos os parentes. Marianne tinha origem nobre; no presente em que escreve já está restabelecida na posição de condessa. O périplo que ela narra é o de ter tido que confirmar sua nobreza de berço pela virtude de sua alma, pela pureza de seus atos e sentimentos. Nessa concepção rígida do valor da pessoa em função de seu nascimento, nessa ideia caduca de predestinação, Marivaux pode ter posto a perder a modernidade de seu empenho, revelando quanto ainda estava preso a seu tempo, a um tempo até anterior ao seu, quanto sofria de suas cegueiras. Livrara-se, em parte, das doutrinas do romanesco; faltara livrar-se das doutrinas adjacentes da aristocracia. E, assim, a forma inovadora de *La Vie de Marianne* viu-se contrariada pela decrepitude de seu conteúdo — e o romance, fatalmente, não costuma acomodar bem essas incongruências.

Forma e conteúdo, moralidade e contingência, intenção e efeito, nunca é demais dizer quanto essas dualidades são irredutíveis, rejeitam discursos fáceis, desautorizam sínteses permanentes. A relação entre cada um desses elementos é sempre imprevisível e complexa, e o romance tem muito a perder e a ganhar, muito a minguar e a crescer, com esses dispositivos produtores de incerteza. Com a instabilidade do gênero, eu dizia antes, o romancista tem sempre que se haver. Mesmo o escritor mais metódico, o mais obstinado, o mais diligente, tem parco domínio sobre seu projeto, sobretudo quando o concebe com seriedade e o deseja autêntico. Mesmo o mais hábil narrador perde o controle sobre a narrativa, sua percepção, sua compreensão, seu alcance — e tantas vezes podem ser muito positivas as consequências.

Falo do romancista, mas penso agora em Richardson. Sujeito religioso, conservador em uma miríade de aspectos, e no entanto tido por muitos como um revolucionário das letras, um dos progenitores indubitáveis daquela forma nascente que se chamaria romance — eficaz concretizador dessa abstração que tanto nos interessa. Richardson era a clássica figura do patriarca, quinquagenário chefe de família, pai de quatro filhas, impressor próspero, quando resolveu se pôr a escrever ficções e a propagar por periódicos ingleses sua visão do que devia ser a literatura. Era um moralista convicto, um pregador dos valores associados à virtude, e cada uma de suas obras devia servir como exortação de uma retidão de caráter semelhante à sua, devia refletir sua posição inamovível.

*Pamela, ou a virtude recompensada* foi o título que escolheu para seu primeiro livro, uma narrativa epistolar publicada em 1740. Em suas cartas caudalosas e profusas lia-se a história de uma garota humilde que começa a trabalhar para uma família rica e, com a morte da patroa, passa a ser cobiçada, ou assediada sem pudores, por seu ardiloso filho. Nem é preciso guardar mistérios: a jovem resistirá às investidas, provando toda sua força e inteligência, mas também sua castidade, sua decência, sua pureza, merecendo então se casar com o homem que a perseguia. Apesar de sinistra, era uma história de amor bastante conhecida, "uma variante moderna do antiquíssimo tema de Cinderela",[19] adaptada com esmero ao contexto da época. O propósito de todo esse empenho Richardson revelou sem rodeios em seu primeiro prefácio ao livro, listando diretamente os efeitos que pretendia e afirmando de pronto tê-los atingido:

> Se, para divertir e entreter, e ao mesmo tempo instruir e aperfeiçoar a mente dos jovens de ambos os sexos:
> Se, para inculcar a religião e a moral de maneira tão agradável, de forma que as torne igualmente *prazerosas e úteis* [...]:
> Se, para apresentar nas cores mais exemplares as obrigações paternas, filiais e sociais [...]:
> Se, para pintar o vício em suas próprias cores, para torná-lo merecidamente odioso; e para mostrar a virtude em sua própria amável luz [...]:
> Se, para desenhar personagens de maneira justa, e sustentá-las uniformemente:
> Se, para provocar aflição [...] e para estimular a compaixão por motivos adequados:
> Se, para ensinar o homem de fortuna como usá-la, o homem de paixão como subjugá-la; e o homem de intriga, como, graciosamente, e com honra para consigo mesmo, domá-la:

Se, para dar exemplos práticos, dignos de ser seguidos [...] pela virgem [...], pela noiva [...] e pela esposa [...]:
[...]
E tudo sem mencionar uma única ideia dentro do conjunto que possa chocar: [...]
Se estes [...] forem louváveis ou dignos de recomendação de qualquer obra, o editor das cartas que se seguem, que foram fundamentadas na verdade [...], se aventura a afirmar que todos estes objetivos desejáveis são obtidos nestas páginas.[20]

Para sensibilidades recentes, a julgar pelo excesso moralizante e pela linguagem burocrática e severa, não pareceria uma obra destinada a alcançar nenhum sucesso. Seu esforço fabular é módico nesse início, e insossa a afirmação de veracidade da matéria — Richardson, nessa passagem, é quase o oposto de Defoe, eloquente ao declarar o valor moral de sua história, mas incapaz de produzir qualquer efeito encantatório. E, no entanto, seu êxito foi estrondoso. A mulher que imaginávamos dedicada à leitura na privacidade recém-conquistada de seu quarto, fechando a porta com a tranca que alguém acabava de inventar, agora se entrega à obra com um fervor inesperado e já não está só: Pamela a acompanha com suas confissões emocionadas, mas também outras tantas mulheres trancadas em seus quartos, uma comunidade de leitoras a acompanhar as provações daquela jovem, os olhos todos carregados de lágrimas na ânsia por um desfecho favorável — o casamento com o perseguidor, é claro.

Até hoje são variadas as hipóteses para explicar toda essa popularidade, e tão amplas que examiná-las exigiria palavras demais. Por Watt ficamos sabendo da existência nessa época de uma "crise do casamento", aguda em particular para as mulheres solteiras. O matrimônio, na Inglaterra protestante, se tornara questão de negócios, desfavoráveis, como é óbvio, ao sexo feminino: agora que a indústria se ocupava de parte de suas manufaturas, e não sendo tão bem-aceitas no mercado de trabalho, para a ascensão social só restava a elas a possibilidade de um bom casamento — sequer a opção do convento tinham as inglesas. Watt se atreve à associação direta: "a gravidade do problema explica o enorme sucesso que *Pamela* obteve"; "é provável que a heroína de Richardson simbolizasse as aspirações de todas as mulheres leitoras sujeitas às mesmas dificuldades".[21]

Mas ninguém atribuiria a difusão surpreendente de uma narrativa apenas a seu tema. Contrariando o didatismo com que o autor desejava transmitir seus conceitos, contrariando o aparente esquematismo de seu projeto, a situação apresentada por ele continha complexidades e sutilezas que ninguém poderia prever. Richardson queria instruir, mas para isso acreditava ter de ser fiel à realidade, adotando "a natureza humana *como ela é*"[22] e "evitando todos os arroubos românticos, as surpresas improváveis, e as maquinarias irracionais",[23] como prometeu no prefácio seguinte. E tanto esforço investiu na tarefa que foi capaz de criar um quadro muito realista de algumas tensões próprias à época — e não só a ela. Ignore-se o amor romântico que, sim, está presente: é um conflito de classes o que ali se encena, permeado de noções díspares do elevado e do vulgar, do poderoso e do subalterno, e nuançado por infinitas minudências psicológicas do eterno confronto entre convenções e desejos.

Com essas muitas riquezas, efeitos colaterais da objetividade e da abundância com que se construíam as cenas, em longas cartas em que cada personagem refletia sobre si mesmo e suas circunstâncias, turvava-se a mensagem que o autor queria tão direta. Indagações surgiam de toda parte: Pamela seria mesmo tão casta, tão pura, tão decente, ou seria uma oportunista a simular esses atributos para conseguir o que almeja? Não estaria seduzindo de partida o homem que julgava assediá-la, sendo ele, na verdade, sua presa?

E, se de fato aquele homem era o vilão da história, como se poderia ter certeza de que realmente se emendara em seu desfecho, merecendo por sua parte a mão de Pamela? Richardson não se precavera de todas as interpretações possíveis, e via a moralidade de sua obra se perverter diante de tantos questionamentos.

Talvez para contê-los, para que não sobrasse nenhuma dúvida sobre seus ensinamentos, resolveu publicar outro romance epistolar, mais árido agora, e caudaloso como nunca se vira, *Clarissa, ou A história de uma jovem*, com um subtítulo que não podia deixar margem a interpretações paralelas: *Compreendendo os mais importantes aspectos da vida privada, e mostrando particularmente os infortúnios a que pode levar a má conduta de pais e filhos, com relação ao casamento*. Em seu prefácio, bem mais prolixo dessa vez, ele aproveita para apresentar a maneira como devem ser conhecidos seus personagens: Clarissa, como uma mulher perfeita, embora não impecável, "considerando as pessoas com as quais teve de lidar e aquelas com as quais tinha ligações estreitas", exemplo "que deve ser inquestionável" para todas as mulheres que se queiram virtuosas; Lovelace, seu perseguidor, como "um libertino confesso" — mesmo não sendo "infiel ou zombador" —, exemplo negativo para ensinar os pais a "prevenir as filhas que preferem um homem de prazeres a um homem probo".[24]

Sobre a popularidade que o livro obteve, e por motivos diferentes daqueles pelos quais o autor o concebeu, talvez seja redundante falar. Cumpre destacar, porém, a obstinação com que Richardson passou a se dedicar aos comentários impertinentes sobre seu livro, acrescentando à obra um posfácio em que refutava uma a uma as objeções de leitores diversos. Aos que questionavam o desfecho trágico e pediam um final feliz em que os protagonistas se casassem, Richardson denunciava, agora sim, a falsidade das "conversões súbitas", que "não continham nem *arte*, nem *natureza*, nem mesmo *probabilidade*". Aos que se entristeciam com a morte de Clarissa, ressaltava que "a noção de justiça poética, fundada nas regras modernas, raramente foi observada de maneira tão estrita". Aos que reclamavam da frieza da heroína, acusava "falta de atenção", destacando que incluíra naquela edição notas em lugares adequados para impedir qualquer compreensão equivocada.[25] E assim por diante, em esclarecimentos por vezes irrelevantes, mas que demonstravam não apenas a seriedade com que ele enxergava a missão que escolhera para si como também seu compromisso com a nova posição estética, mais racional e rigorosa, que estava disposto a empreender.

Se essa estética correspondia ao que se passou a conceber como romance moderno é algo que está sujeito a divergências. O próprio Richardson rejeitava essa ideia, embora a noção não fosse inteiramente acessível na época, como até hoje não é: "*Clarissa* é um mero Romance? Quem o considera como tal, não o compreende. É um sistema de preceitos e exemplos morais e religiosos",[26] e qualquer semelhança com a proposta do Abade Prévost não é mera coincidência. Watt, apesar disso, parece enxergar aqui o exemplo maior do realismo formal incipiente, sobretudo por sua fidelidade à experiência individual, sua atenção obsessiva à passagem do tempo, sua unidade de enredo que concedia à obra uma coesão inédita. É certo também que, em sua tentativa de documentar cada ação e cada sentimento de uma vida inteira conduzida dentro dos princípios da ética protestante, Richardson acabou por representar como nunca antes a historicidade da experiência humana, dando-nos a conhecer um ser humano provável cujos pensamentos e sentimentos cotidianos nunca em outra obra havíamos chegado a conhecer com tanta intimidade.[27]

Talvez caiba indagar, entretanto, se a vivência propiciada pela leitura dessas obras se diferenciava tanto assim das narrativas romanescas que a precediam, das histórias românticas que Richardson rejeitava, "a maioria calculada para *incendiar a imagina-*

ção, em vez de *informar* o *discernimento*",²⁸ dos livros que Pamela lia e comentava em suas cartas com desgosto indisfarçado. Não se tratava ainda, afinal, de cativar a atenção do leitor pelo velho expediente de uma história de amor? Richardson não estaria proporcionando as mesmas velhas satisfações, subjugando a realidade a modos antigos de apreciação? Não estaria, como pergunta Watt, fazendo "parecer verdade literal o que não passa de gratificação irreal dos sonhos do leitor"? E, se assim for, pergunto eu, isso contraria a configuração do romance moderno que sobreviveu à passagem dos séculos, ou esse é justamente um dos pontos falhos do gênero — ou um de seus paradoxos —, condenado a sempre responder a semelhantes interrogações?

Richardson, em todo caso, fez jus ao paradoxo de sua situação e obteve sucesso porque fracassou. Porque não pôde, apesar de seus esforços, subjugar a obra a seus desígnios de autor, porque não pôde, e não poderia, controlar todo o escopo de sua recepção, acabou superando seus próprios limites, sobrepujando os valores a que estava constrito e indo muito além de cada uma de suas disposições. Porque Richardson fracassou em sua tentativa de sermão é que ele conseguiu executar uma declaração contundente e minuciosa sobre a existência humana — e talvez seja isso o que o romance tanto almeja ser.

A LINGUAGEM

Mas se aquilo que se constituía era um romance, eficaz, modelar, uniforme, se provocava a admiração de seus contemporâneos e tão logo se erigia como cânone, o próprio romance se ocuparia de rejeitar essa consagração precoce e disputar sua soberania. Nenhum regime específico dominaria o espaço tamanho que o gênero começava a tomar: se bem compreendemos sua lógica, haveria de surgir um romance que refutasse aqueles contornos precisos demais, que questionasse a impertinência da tradição ainda nova, o arcaísmo da novidade, restaurando assim o movimento incontível da história. E assim um de seus críticos mais ácidos se fez romancista, instituindo talvez, em paralelo à primeira, a nova tradição do antirromance.

Foi para combater os preceitos de Richardson que Henry Fielding, até então dramaturgo, assumiu o novo ofício. Quis fazê-lo do modo mais imediato, impelido pelo cinismo: mal terminara de ler a história de Pamela — era ele agora o sujeito trancado em seu quarto, resistente à investida das lágrimas — quando decidiu destilar seu desprezo numa pequena ficção em prosa. Shamela foi o nome que deu à protagonista, em um trocadilho infame que associava a outra à vergonha. O objetivo ele expressou sem sutileza já na capa: "*Uma apologia pela vida de Mrs. Shamela Andrews* — Onde as muitas falsidades notórias e representações erradas de um livro chamado *Pamela* são expostas e refutadas, e as inigualáveis artes daquele jovem político examinadas sob uma luz verdadeira e justa".[29] Sob essa luz, menos justa do que sardônica, a suposta inocência da garota se esvaía em hipocrisia descarada, ela e seu autor convertidos em dois vis oportunistas.

Não satisfeito — ou satisfeito com a difusão surpreendente de sua pequena obra —, Fielding se pôs a escrever uma paródia de mais fôlego: *As aventuras de Joseph Andrews*, irmão de Shamela que também devia defender sua castidade contra os ataques da patroa, numa sequência que reduzia o argumento ao absurdo simplesmente pela inversão de gênero. O que ele queria ressaltar, como apontou no prefácio, era o ridículo em que podia incorrer qualquer autor ao extrapolar uma característica de sua personagem: mesmo a virtude se tornava humorística quando sustentada com tal excesso. "Os grandes vícios são os objetos adequados da nossa aversão; as falhas menores, de nossa compaixão; mas a afetação me parece ser a única espécie verdadeira do ridículo." E aproveitava para expor sua missão como escritor cômico, a busca pelo ridículo, sim, mas plena de realismo:

> talvez haja uma razão por que o escritor cômico deva, entre todos os outros, ser o menos justificado por se desviar da natureza, uma vez que pode nem sempre ser tão fácil para um poeta sério topar com o grandioso e o admirável; mas a vida, em todos os lugares, oferece o ridículo ao observador preciso.[30]

Nessas reservas menores que Fielding parecia apresentar ao romance de Richardson, escondia-se uma diferença de concepção que só se expressaria com clareza mais tarde. Talvez o que mais o incomodasse em seu rival não fosse tanto a moralidade afetada, mas a negação do passado que se refletia em seu anti-intelectualismo, a fantasia da inovação absoluta, a recusa a vincular sua obra a uma tradição narrativa. Fielding tinha grande apreço pelos clássicos, e sua opinião sobre os contemporâneos não era das mais positivas, por razões diversas. A ênfase excessiva nas normas da probabilidade, por exemplo, que deviam ser respeitadas, mas não com tanto dogmatismo, e a consequente esterilidade das invenções recentes:

> Como observa um engenho de primeira água no seu quinto capítulo do Bathos: "grande arte de toda a poesia é misturar a verdade à ficção, o crível ao surpreendente".
> Pois, ainda que o bom escritor se atenha aos limites da probabilidade, não é absolutamente necessário que as suas personagens, ou os seus incidentes, sejam triviais, comuns ou vulgares; como os que sucedem em todas as ruas, ou todas as casas, ou que se podem encontrar nos artigos domésticos de um jornal. Nem deve deixar de mostrar muitas pessoas e coisas, que nunca talvez tenham sido

do conhecimento de grande parte dos seus leitores. Se o escritor observar rigorosamente as regras acima mencionadas, cumpre a sua obrigação; e faz jus, então, a algum crédito da parte do leitor.[31]

De acordo com sua visão, Richardson e tantos outros que o emulavam — em sua objetividade exagerada, em sua atenção obsessiva a detalhes prescindíveis, em sua trivialidade programática, em sua busca por uma realidade literal de seres muito específicos — estariam afastando o romance de suas boas origens, de sua antiga capacidade de representar uma verdade interna, maior, independente dos meros fatos e de seus endereços precisos. O que Fielding queria era a continuidade de uma velha máxima de toda boa escrita, a ambição de "conhecer os homens melhor do que eles mesmos se conhecem",[32] tal como haviam feito os que ele julgava os "biógrafos verdadeiros": Homero, Rabelais, Shakespeare, Cervantes, Molière, Marivaux, e talvez ele mesmo se a inspiração que cultivara os outros agora também o acudisse.

Difícil estimar se tal inspiração o acudiu. A negatividade de seu ímpeto inicial, a mera vontade de escarnecer o que os autores do momento produziam, de reduzir suas propostas ao ridículo, não sustentaria um projeto completo de romance, não consolidaria uma estética própria. Passadas as primeiras cenas da vida de Joseph Andrews, abandonada a casa onde ele sofria assédios iguais aos da irmã, era preciso encontrar para ele um novo destino, algo que desse sentido a sua errática deambulação pela vida. Passados os primeiros ímpetos paródicos, também Fielding teria que encontrar seu caminho como romancista, dar à sua ambição de realismo uma dimensão mais positiva. Ele começou por firmar uma teoria: o novo romance que se propunha a criar preencheria uma lacuna antiga na história da literatura, seria um simulacro de *Margites*, a epopeia cômica que alguma vez Homero escreveu, mencionada por Aristóteles, mas perdida para sempre. Fielding recobraria o caráter épico da vida presente e produziria um "escrito prosai-comi-épico", uma "epopeia cômica em prosa".[33]

Surgia, talvez pela primeira vez de maneira tão explícita, a noção do romance como epopeia moderna, ou epopeia burguesa, que Hegel proporia depois e Lukács adotaria já no século xx — embora ambos baseassem o pensamento em obras bem diferentes das de Fielding. Surgia um romance cujo princípio fundador não era uma ruptura total com as obras que o precediam, mas a recuperação de um modelo longínquo, de uma vocação que se perdera por mais de dois milênios: não sua forma poética, mas sua maneira de assimilar o que há de épico na existência humana. Lukács soube explicar bastante bem por que Fielding não o conseguiu, por que nenhum romancista conseguiria, sendo o fracasso da tentativa a vocação verdadeira do gênero:

> O romance aspira aos mesmos objetivos a que aspira a epopeia antiga, mas não pode jamais alcançá-los, já que — nas condições da sociedade burguesa, que constituem a base do desenvolvimento do romance — os modos de realizar os objetivos épicos tornam-se tão diferentes dos antigos que os resultados são diametralmente opostos às intenções.[34]

Como os de Richardson, então, os resultados de Fielding são opostos às suas intenções, mas isso não lhe garante um saldo tão positivo. Em *Tom Jones*, seu mais longo e ambicioso livro, o mesmo em que ele entremeava as teorizações citadas aqui, a tentativa de reconstrução épica acaba por malbaratar, ao menos na visão de Watt, boa parte das novas conquistas do fazer narrativo: seu protagonista já não é um indivíduo, representando em vez disso toda a sua espécie; é um personagem sem passado, sem historicidade, abordado apenas externamente; o tempo se organiza segundo critérios subjetivos; o narrador é intrusivo demais e serve quase como um guia, o que prejudica a autenticidade do discurso; o mundo já não se faz das ações terrenas, parecendo responder em vez disso a alguma força invisível.[35]

Em *Tom Jones*, Fielding seguiria a tendência do impulso épico e daria ao enredo prioridade absoluta, criando uma história de ações múltiplas e, de novo, pouco coesas. A acumulação de peripécias na vida de Tom acabaria por furtá-lo de qualquer complexidade possível, causando no leitor o retorno do distanciamento, a traição daquela proximidade que a tanto custo, de obra em obra, se estabelecera. Na experiência de leitura, o romance acaba por se constituir como uma "estrutura intelectual e literária dotada de considerável grau de autonomia", tornando-se apenas uma ferramenta para que o autor expresse seu ceticismo.[36]

Por que encontra lugar na história do romance, então, esse homem de pendores neoclássicos tão infenso às práticas tidas por modernas? Por que se perpetua no tempo um livro questionável em inúmeros aspectos, tão maculado por tais defeitos? Será romance, ainda, uma obra que rejeita tantos de seus possíveis preceitos e prefere evocar para si uma gênese tão diferente? A resposta porventura positiva a esta última pergunta é que garante a permanência de Fielding no debate histórico sobre o gênero. Seu papel nessa trajetória talvez não seja o mesmo de seus antecedentes, uma contribuição pessoal para a consolidação paulatina de um modo específico de escrever, mas justamente seu oposto: uma ação de resistência.

Aqui acompanhamos as ideias de Michael McKeon.[37] Para se constituir, numa trajetória muito mais múltipla do que esta que tratamos de seguir, o romance moderno teria substituído o idealismo romântico por um empirismo ingênuo, pela crença numa história verdadeira a ser apreendida por uma observação simples e diligente. Teria surgido então um "novo homem das letras", aquele que Defoe e Richardson tentaram incorporar cada um à sua maneira: o sujeito humilde e correto que, sem qualquer engenho dispensável, sem nenhuma intromissão excessiva da linguagem, se limita a registrar a realidade tal como a vê. Nisso reside sua ingenuidade, na noção disparatada de que não há arte em sua construção autoral, de que sua ficção conseguiria fugir das convenções sem se fazer, tanto quanto as anteriores, convencional. Nesse ponto acudiria Fielding, com seu ceticismo, com sua negatividade, acusando com uma força subversiva as falhas conceituais dos demais, devolvendo a literatura à sua condição de objeto artístico, à sua limitação inelutável aos confins da linguagem.

Sempre haverá um lapso entre a experiência e sua apreensão, entre a literatura e a realidade — essa é a noção atemporal que a obra de Fielding parece disposta a afirmar. O distanciamento entre leitor e personagem não seria então uma falha de seu projeto, mas uma de suas condições inevitáveis, um sacrifício voluntário para a transmissão de sua mensagem. Já não cabe ao leitor julgar Tom Jones, avaliar se ele é justo ou virtuoso em suas ações e vontades: cabe ao novo leitor julgar a si próprio, julgar se é justo ou virtuoso em sua contemplação de Tom Jones.[38] Daí a intromissão incansável do narrador, daí a inclusão dos inúmeros comentários do autor, por vezes longos, por vezes tediosos, já não expostos em prefácios, mas em capítulos que introduzem cada parte da narrativa, incorporados à marcha da obra:

> Entre outras vantagens que me levaram a julgar conveniente a instituição destes vários capítulos introdutórios, existe a de serem eles uma espécie de cunho ou marca que pode capacitar o leitor muito indiferente, daqui para diante, a separar o histórico e genuíno nesse gênero de escritura do falso e fictício. Parece, de fato, provável que, dentro em pouco, se tornem necessárias algumas dessas marcas, visto que a recepção favorável que obtiveram recentemente do público dois ou três autores para produções dessa natureza servirá provavelmente para estimular muitos outros a empreenderem

obras semelhantes. Surgirá destarte um enxame de parvas novelas e romances monstruosos [...].
[...]
[...] *Ignorantes e doutos, escrevemos indistintamente*; [...] para a composição de novelas e romances são apenas necessários papel, penas, tinta e a capacidade manual de utilizá-los.[39]

Fielding representaria assim a antítese do romance, cinicamente escrita na forma de romance — algo que alguém poderia chamar, por apego à síntese, de antirromance. Nesse processo de negação crítica do anterior, e dos aspectos criticáveis que persistem também nele, o romance assume abertamente uma dimensão autocrítica que talvez o habitasse desde o princípio, em silêncio, e que talvez nunca o venha a abandonar. Para criticar a si mesmo, é preciso que o romance se conheça; daí sua inclinação à autoconsciência, à metaficção, ainda sutil nesse início, abertura estreita para um abismo que só se aprofundará, podendo ocupar quase todo o espaço do gênero dois séculos depois. Só o que restava a Fielding ponderar — como talvez restasse passados dois séculos, e como talvez ainda reste — é se o romance autocrítico, autorreferente, metaficcional, não pode se tornar também ele, como os anteriores, refém de sua linguagem, dogmático e convencional.

Alguém já disse que a passagem do romanesco para o romance se deu como um ganho de convicção, uma passagem do "como se" ao "foi assim". Aqui, passada a análise de Fielding, passados os séculos que a ele se seguiram, não poderíamos mais nos sentir tão convictos, não poderíamos mais dizer que foi assim. A história não foi assim: talvez tenha sido muito diferente do que aqui pude descrever, talvez essas obras não representem nada do que se viveu ali, talvez eu não as tenha entendido bem; é possível, como já temíamos, que fossem outros os livros importantes, que fossem outros os autores, outros os protagonistas. Neste fim de um possível início, nem mesmo as perguntas que me sobrevêm são das mais convictas: se, afinal, não foi assim, as interrogações que me restam pertencem ao mundo do "como se"?

Digamos, então, que tenham sido esses os autores, essa a trajetória que o romance operou. Podemos afirmar, a partir disso, que houve de fato uma ascensão? Esse conjunto pouco coeso de realizações, de livros menos ou mais exitosos, menos ou mais rigorosos, menos ou mais atentos ao curso incontido da história, esse conjunto compõe de fato o surgimento de uma forma nova, a forma que procurávamos, com toda a sua promessa de liberdade e amplidão? E que romance nasce se aqui nasce o romance: o da busca teimosa pela verdade, o do apego imperioso pela comoção, o do gosto pela hesitação, o do indiscreto ímpeto pedagógico, o da submissão voluntária a uma função menor?

Difícil não retornar ao ponto de partida, girando talvez em falso. Difícil não retornar à instabilidade do romance, a sua indefinição, a seu poder de absorção dos muitos conflitos do mundo, de suas muitas contradições. Difícil não afirmar, ainda uma vez, seu caráter paradoxal. Mas os paradoxos da realidade terão encontrado, já aqui, nesses autores e nessas obras, sua mais completa tradução? A mera insinuação desses conflitos, de maneiras tão díspares, sem sua plena consolidação em nenhuma obra específica, sem sua efetiva concretização em forma, será o bastante para considerar que o romance começou? E importará de fato encontrar para ele um marco inaugural, fingir que sua história não é feita de impalpáveis e longínquas abstrações?

São longínquas essas obras, sim, e é longínquo o mundo que elas se ocupam de referir. Lê-las pode exigir um exercício de deslocamento, e nem assim nos deixamos tocar a contento: jamais seremos como a mulher trancada em seu quarto em meados do século xviii, entregue a esses livros pela primeira vez, jamais choraremos suas lágrimas, jamais saberemos o que ela pôde sentir. Mas podemos nos perguntar se há alguma continuidade entre sua vida e a nossa, se seu mundo sofreu uma transformação paulatina até se converter no que é hoje, no que hoje parece ser, ou se teve que morrer para que o nosso mundo pudesse existir. Talvez a mesma pergunta valha para o romance. Seriam essas narrativas aqui contempladas, com suas respectivas opções estéticas, a base múltipla e movediça dos romances que se escreverão até os nossos dias, ou o fim confuso e desordenado de algo mais antigo, de um velho regime que ainda se dissiparia para que surgisse o romance moderno?

Em todo caso, já posso assumir neste meu "como se" que não haverá respostas conclusivas, que continuidades e rupturas, surgimentos e diluições, inícios e fins, fazem sempre parte de um mesmo processo, de uma maquinaria que tampouco se encerra aqui — que ainda terá seu muito alardeado apogeu, sua queda incrivelmente produtiva, e uma possível reascensão cujos contornos mal se distinguem. Nesse movimento, progressivo e digressivo a um só tempo, é que consiste o romance. Se não o gênero inteiro, ao menos um único romance, aquele que Laurence Sterne escreveu pouco depois de Richardson e Fielding, e que tão bem ele mesmo soube descrever:

> Graças a esse dispositivo, a maquinaria de minha obra é de uma espécie única; dois movimentos contrários são nela introduzidos e reconciliados, movimentos que antes se julgava estarem em discrepância mútua. Numa só palavra, minha obra é digressiva, mas progressiva também, — isso ao mesmo tempo.
> [...]
> [...] compliquei e envolvi os movimentos digressivo e progressivo de tal maneira, uma roda dentro da outra, que toda a máquina, no geral, tem-se mantido em movimento.[40]

# O aparente apogeu

Aqui eu deveria descrever um idílio. Um tempo de ideias claras, convicções vivas, narradores confiáveis, tempo em que toda suspeita se mostrasse exagerada, aquém do presente, inadmissível. Aqui eu deveria descrever uma utopia concretizada. Um mundo de belas imagens, de afirmações peremptórias que nunca soassem falsas, mundo da retórica precisa, da excelência da linguagem, da perfeição na composição literária. Aqui palavra e real não seriam inconciliáveis; pelo contrário, a palavra daria ao real seu molde mais exato, desenharia a sociedade em traços firmes, reconstituiria, com seu poder evocatório, todo o fervor do presente, toda a magnitude da história. Aqui eu deveria apresentar os heróis: Goethe, Scott, Stendhal, Balzac, Austen, Dickens, Melville, Flaubert, Dostoiévski, Tolstói, James, Eça, Machado, Zola e uma profusão de outros nomes grandiosos que esgotariam meu fôlego se acudissem à memória.

Mas se assim fosse o tempo que quero evocar, se esse fosse o mundo e essa fosse a história, creio termos aprendido a esta altura, não seria tempo de romances, não seria o mundo do romance. Começo este meu relato sobre o apogeu do romance afirmando que jamais pode ter existido esse apogeu, tão absoluto, tão inegável, tão pleno. Querem alguns que acreditemos que o romance já foi uma máquina, e das mais eficientes, uma máquina a repetir com sucesso sempre o mesmo movimento. Mas não. Querem que acreditemos que ele se converteu num instrumento cirúrgico para a dissecação do real, para a investigação da natureza, para o desvelamento da experiência. Mas não. Querem que acreditemos que, nesse tempo de grande saber e precisão, engendrou-se um modelo terminante de romance, um modelo infalível, quase um arquétipo, e querem que chamemos esse arquétipo de "romance convencional", ou de "grande romance", de "romance tradicional". Mas não.

O romance, sabemos, não se prestaria a tal simplificação. Se, num primeiro instante, o intuito dessas alegações é diminuir o presente à luz de um passado maior, afirmar nossa própria pobreza ante a riqueza dos que nos precederam, professar a insuficiência das obras recentes diante daquelas que incensamos como clássicas, logo se vê que o argumento também diminui o passado, subtrai sua riqueza e, contra a própria intenção da mensagem, acusa sua insuficiência. Há mais complexidade nesse tempo que se perdeu, tempo variado demais, múltiplo demais, conflituoso demais para que possamos reduzi-lo a um mero panteão de obras perfeitas — que nada diriam sobre nosso tempo se assim fosse, se tão diferentes fossem dele. Não existiu, na história do romance, o século da absoluta grandeza, a era de infinita potência, de harmonia ou felicidade estética. "Acalmem-se, não fui feliz", disse Goethe. "Somando todas as boas horas da minha vida, não fui feliz nem por quatro semanas."[1]

## A DESESPERANÇA

Não me arriscaria, é evidente, a sondar com seriedade as razões para a infelicidade de Goethe, razões que também não se resumiriam num comentário qualquer. Só o que posso é recorrer à explicação que o próprio autor ofereceu, seu cansaço extremo pelas agruras do ofício que assumiu, sua percepção do fazer literário como tarefa sempre infrutífera, sempre exigente: "Foi o eterno rolar de uma pedra que precisava sempre voltar a ser erguida. Foram excessivas as demandas à minha atividade, tanto externas quanto internas".[2] Basta percorrer algumas páginas de Goethe, as ensaísticas ao menos, para compreender quanto ele rejeita qualquer fantasia de onipotência, quanto recusa declarações de inspiração, de facilidade, de gênio, e quanto se assemelha a nós ao afirmar a pequenez de sua obra e de seu tempo, em comparação com a grandeza de obras e tempos pretéritos.

Só o que posso é imaginar o grande autor em seu escritório, o senhor octogenário que alguém descreveu, recusando com polidez a sequência de visitas que batiam à sua porta, se desculpando porque ainda tinha que trabalhar, tinha um dever a cumprir. Era já uma referência das letras europeias, décadas haviam se passado desde que produzira o maior sucesso literário de todos os tempos — ao menos nos cômputos sinistros que somavam às vendas a comoção gerada pelo livro, pelas confissões do jovem Werther, o personagem suicida cujo exemplo provocara uma onda de suicídios jamais vista no continente. Era um senhor respeitável, um senhor respeitado; tinha uma obra vasta, em múltiplos gêneros, que ainda crescia em dimensão e prestígio nesses últimos anos. Não lhe faltariam elementos para prever que se tornaria o autor maior da ainda incipiente nação alemã.

E, no entanto, ignorante ou indiferente ao próprio êxito, aquele ancião eminente não conseguia deixar de repetir o que dissera havia muito tempo, antes mesmo de escrever a primeira linha sobre Werther, de repetir quanto se sentia inferior a Shakespeare.

> [...] dificilmente alguém percebeu o mundo tão bem quanto ele, [...] dificilmente alguém, ao expressar sua contemplação interior, posicionou o leitor tão intensamente no meio da consciência do mundo. Ela se torna, para nós, completamente transparente; de repente nos percebemos como íntimos da virtude e do vício, da grandeza, da pequenez, da nobreza, da depravação, e isso tudo com os meios mais simples.[3]

Era o retorno sóbrio e analítico do sentimento que expressara aquela vez, mais de quatro décadas antes: "Frequentemente me envergonho diante de Shakespeare [...] reconheço que sou um pobre pecador, que a natureza profetiza a partir de Shakespeare, e que meus homens são bolhas de sabão cheias de caprichos romanescos".[4]

Nesse aspecto ninguém poderia desmenti-lo, era sem dúvida caprichoso seu Werther. Abandonado de início "à exaltação, às metáforas, à declamação",[5] logo se apaixona por uma jovem que acaba de conhecer e sente a urgência de contá-lo em todos os pormenores, contar como sua vida se consome tão precocemente nessa paixão não correspondida. Apaixonado, ele se aliena: "Não sei mais se faz dia ou noite; o universo inteiro não mais existe para mim".[6] É romântico o jovem Werther; talvez estejamos diante do primeiro romance romântico, como muitos quiseram dizer, um romance que parte de uma obsessão, e não de um conflito.[7] Não temos sequer a história de uma relação, como naqueles que o precederam; aqui, o narrador está absorto em seus pensamentos, perdido entre as emanações de sua alma ou de sua mente. Não consegue relatar de maneira direta sua experiência, exalta muito mais do que narra, faz ilações irresponsáveis sobre poesia e arte, e assim, para nossa surpresa, é capaz de converter sua interioridade em assunto do nosso interesse.

"O romance é uma epopeia subjetiva", nos explicará Goethe muito tempo depois, uma epopeia "na qual o autor exige de si a autorização para tratar o mundo à sua maneira".[8] O romance, para Goethe, pertence ao campo dos sentimentos e dos acontecimentos fortuitos, não ao domínio das ações contundentes. Estamos ainda distantes, logo se vê, da objetividade que muitos defenderão como traço marcante do século XIX, suposta condição para seu grande sucesso. Se ainda assim, subjetivo e ensimesmado, o romancista se sai bem, não é necessariamente por seu mérito, como o próprio Goethe argumenta com otimismo raro em sua crítica: "O romance mais medíocre é sempre melhor do que os leitores medíocres: no pior romance sempre participa algo da excelência de todo o gênero".[9]

A que excelência Goethe se refere não é tão fácil dizer. Decerto não está falando de sua capacidade de encampar a história, de dar transparência à consciência do mundo, virtude principal que ele observava em Shakespeare, pois isso condenaria de partida seu próprio intento. A história, o mundo, não parecem motivar em nada os sofrimentos do jovem Werther, que se volta sobre si e encontra um mundo suficiente ali mesmo. O mundo exterior não passa de ilusão em seu solilóquio, e o que está fora só existe em função do que está dentro. Werther não pode ser o homem solitário que parte à procura de um sentido, porque Werther não parte, ele permanece em si. Como não enfrenta um mundo exterior, como não encontra uma realidade evidente, não pode cumprir a tão alardeada vocação do gênero e se ver em conflito com a realidade, em conflito com o mundo.

Seu objetivo havia sido retratar um tédio vital muito frequente em um certo tipo de jovem, o autor tentara se defender, evidenciando que sua preocupação primeira não era com um problema social, e sim com uma condição psicológica.¹⁰ Quando volta ao gênero e se propõe a explorar uma trajetória mais extensa, acompanhando o longo caminho de aprendizagem e logo a peregrinação de Wilhelm Meister, pode até ampliar a pertinência e o alcance de seu projeto, mas nem assim se desfaz de algumas reservas levantadas contra ele ao longo dos séculos. É certo que Schlegel de imediato atribui ao livro extrema importância, é certo que Schopenhauer o aclama como uma obra de excelência, mas Benjamin, em seu longo ensaio sobre o autor escrito nos anos 1920, não se privará de lhe apontar algumas "incongruências e contradições", e de afirmar como "inequivocamente visível a incapacidade de Goethe em captar a história política".¹¹

Talvez Goethe antecipasse essas críticas, enclausurado em seu escritório, dedicado ao reparo ininterrupto de seu próprio texto. Talvez já intuísse que figuraria como um grande na história do romance, mas que alguns poderiam situá-lo apenas como mais um precursor nesse lento processo, mais um autor ainda anterior ao estabelecimento absoluto do gênero. Se de fato se angustiava com isso, Goethe sabia ao menos que não devia dar tanta importância ao juízo que fizesse sobre si. Sabia, como nós parecemos nos recusar a saber, que "no interior de uma época não há nenhum ponto de vista para considerar a época".¹² Em todo caso, em qualquer caso, podia dormir tranquilo já tendo feito o que fez, sossegado com a virulência parcial dos críticos. É o próprio Benjamin quem conclui, afinal, na última linha de seu outro ensaio sobre o autor: "Apenas em virtude dos desesperançados nos é concedida a esperança".¹³

A HISTÓRIA

Henri Beyle talvez fosse um desesperançado. Passava já dos quarenta anos de idade, vivia recolhido em uma solidão voluntária, entregue à leitura e à labuta das palavras, incógnito entre outros franceses mal-humorados. Seu passado de discreta glória nas fileiras do Exército e da administração napoleônica era agora uma lembrança distante; Beyle caíra com Napoleão, e sua existência parecia se subsumir na melancolia daqueles tempos bem menos gloriosos, como uma encarnação a mais, insignificante, da decadência que o circundava. De tudo o que escrevera até então, sobre música, sobre arte, sobre cidadelas italianas, só o que de fato se podia encontrar em alguma livraria parisiense era um pequeno ensaio publicado em papel pobre, *Do amor*, que ele assinava com o estranho pseudônimo de Stendhal. Era um livro sagrado, o editor lhe dissera. "Um livro sagrado: ninguém toca."[14]

Quando se pôs a escrever romances, então, talvez lhe resultasse quase inevitável transportar à página seu irremissível mal-estar, sua sensação de deslocamento em qualquer parte, sua inconformidade com a época que lhe era dado testemunhar. Partia dessa experiência de mundo bastante particular, mas sabia que assim não falaria apenas sobre si, sabia que o incômodo não era exclusividade sua, e sempre que podia destacava "a notável transformação que se operou no caráter francês durante esta primeira metade do século XIX". Intrigado ou revoltado, indagou mais de uma vez: "qual dos nossos sucessivos governos terá matado entre nós a capacidade de nos divertirmos, nos fazendo parecer o povo mais triste da terra?".[15] E em meio a esse povo tão triste, entre aquela gente incapaz de se divertir, pôs a circular alguns pequenos homens de penoso fim, os malogrados protagonistas de seus livros.

Assim chegamos a Julien Sorel, o jovem que tantas vezes mencionei aqui, o herói tão pouco heroico de *O vermelho e o negro*, um Quixote menor, que nem sequer nos confins de sua desrazão poderá seguir uma trajetória de sucesso. Quando conhecemos Sorel, menino ainda, ele se mantém a salvo da desesperança que o autor lhe reserva. Como Quixote, está cheio de ilusões, sonha com uma vida de grandes realizações, sonha em reencenar por si mesmo aquela época de Napoleão, ainda próxima, a velha época dos acontecimentos grandiosos. Como Quixote, é um leitor inveterado, lê tanto que se descuida de suas obrigações, amiúde se distrai de seu pacato ofício de serralheiro. A Sorel, porém, "a verdade, a áspera verdade", anunciada na epígrafe que cita Danton, não demora nada em cobrar a lucidez, em reprimir cada mínimo prenúncio de devaneio:

> Foi em vão que chamou Julien duas ou três vezes. A atenção que o rapaz dava ao livro, bem mais que o barulho da serra, impedia-o de ouvir a voz terrível do pai. Finalmente, apesar da idade, este pulou com agilidade sobre a árvore submetida à ação da serra e daí para a viga transversal que sustentava o telhado. Um golpe violento fez cair no riacho o livro que Julien segurava; um segundo golpe tão violento quanto o primeiro, dado na cabeça em forma de cascudo, o fez perder o equilíbrio. Despencaria de doze ou quinze pés de altura em meio às alavancas da máquina em ação, que o teriam arrebentado, mas o pai o reteve com a mão esquerda quando ia cair.
> — Pois bem, preguiçoso! Vai continuar a ler esses malditos livros enquanto está de guarda na serraria? Leia de noite, quando vai perder seu tempo na casa do cura, isso sim.
> Julien, embora atordoado pela força do golpe e todo ensanguentado, aproximou-se de seu posto oficial, ao lado da serra. Tinha lágrimas nos olhos, menos por causa da dor física do que pela perda de um livro que adorava.[16]

Para compreender as implicações de uma cena como essa, nos ensina Auerbach, é preciso enxergar quanto ela está condicionada por seu tempo, por "um momento histórico muito definido", quanto exige um "conhecimento mais exato e detalhado da situação",[17] quanto responde a um amplo contexto. O próprio romance nos dá mais tarde indícios suficientes para perceber como a literatura estava em descrédito, como era motivo de vergonha para seus apreciadores secretos, para quem abdicasse da austeridade e sucumbisse a seus encantos malévolos. O amor proibido, em *O vermelho e o negro*, se confunde em toda parte com a leitura proibida. Ao longo de toda sua vida, por mais de quinhentas páginas, Sorel se vê forçado a esconder suas leituras com o mesmo pudor e a mesma imperícia com que esconde seus amores adúlteros ou inadequados. Nas palavras de tantos personagens, sobram impropérios para caracterizar os romances da época, livros sórdidos, perigosos, uma péssima referência, livros infames, livros perversos.

Presos ao nosso tempo, às nossas concepções, os leitores de hoje somos levados seguidas vezes a odiar todo esse ódio contra os livros, a odiar o pai ignorante e violento, a desprezar o prefeito que, por vergonha, hesita em conseguir as obras necessárias à educação dos filhos — por não querer sujar seu nome nos registros do livreiro.[18] Talvez Stendhal sentisse o mesmo desprezo que nós, talvez tenha sido esse desprezo o que ele quis nos transmitir. O livro que temos nas mãos, porém, não se mostra tão tolerante assim com as produções da época, não absolve tão de partida qualquer leitura, discrimina muito mais do que respeita. Ao longo de toda a narrativa, não faltam exemplos de como a leitura de romances corrompe a lucidez, cria falsas expectativas, ergue ilusões num mundo que jamais poderá absorvê-las. Tão perniciosa pode ser a literatura que o próprio protagonista se torna uma de suas vítimas: é nos livros que Sorel encontra seus modelos, é no destino dos heróis que o jovem projeta o seu próprio destino, mas sua realidade nunca fará jus à quimera, na realidade não há heroísmo possível, na realidade os modelos padecem.

É à realidade, então, e não aos enredos fantasiosos ainda tão comuns em seu tempo, ao idealismo edulcorado, ou à velha pedagogia dos afetos que a obra de Stendhal se propõe a responder.

Aqui ele se aproxima de Defoe e Richardson, ao definir a busca da verdade como princípio, da verdade desprovida de artifício — tão desprovida de artifício quanto o autor for capaz de fazer. Mas aqui ele também se afasta de Defoe e Richardson, em sua pronta recusa às mensagens prontas, aos enredos doutrinários, aos ditames do moralismo:

> Pois bem, senhor, um romance é um espelho que se leva ao longo de uma grande estrada. Tanto pode refletir, a seus olhos, o azul do céu como a imundície do lamaçal da estrada. Por acaso o homem que leva o espelho em sua bagagem poderia ser acusado de imoral? O espelho mostra a sujeira e o senhor acusa o espelho? O senhor deveria acusar o longo caminho onde se forma o lamaçal e, sobretudo, o inspetor das estradas que deixa a água apodrecer e o lodo se acumular.[19]

Há uma novidade patente nessa afirmação infiltrada no meio da trama, nessa declaração de impaciência do narrador ante a possível reação adversa dos leitores. Não a ideia de que o romance seja um espelho — ideia quase atemporal, variação ligeira do que já se disse sobre a literatura em tantos momentos —, mas o modo como essa ideia segue, a concretude da estrada, o lamaçal, a sujeira. O romance é um espelho em que o autor procura refletir essa imundície, e não porque lhe interesse necessariamente o baixo, o vil, o abjeto, mas porque lhe interessa algo mais real, mais palpável do que o azul do céu. Que a estrada tenha se convertido num lamaçal é mera contingência, é a realidade objetiva e neutra que o autor tem diante de si. A postura ética possível não está em camuflar essa circunstância, em fazer da estrada um caminho ideal; está em algo muito mais simples, menos etéreo, está em acusar o inspetor da estrada que porventura tenha sido negligente.

Essa talvez seja a contribuição maior de Stendhal a um eventual progresso do gênero: sua rejeição aos romances que não passam de uma alteração da natureza, uma *nature choisie*, a natureza escolhida que ele ironizava desde a juventude; sua devoção, em vez disso, ao *petit fait vrai*, o pequeno fato verdadeiro. "Pequeno" não é adjetivo irrelevante nesse contexto. Um romance não é um espelho imenso a refletir uma sociedade inteira, como logo Balzac pretenderá, sem modéstia. Um romance, para Stendhal, é apenas um espelho que se carrega, que alguém carrega, e que reflete a realidade comezinha a cercar esse alguém, a realidade muito específica que a esse indivíduo acomete. Para que possamos apreender em alguma medida essa realidade, temos que conhecer profundamente esse sujeito, conhecê-lo melhor até do que ele mesmo se conhece, conhecê-lo como um deus, algo que só o romance pode fazer:

> Suponhamos que um estenógrafo pudesse se fazer invisível e passar um dia inteiro ao lado do sr. Pétiet, escrevesse tudo o que ele dissesse, observasse todos os seus gestos; um excelente ator, munido desse processo verbal, poderia reproduzir para nós o sr. Pétiet exatamente como ele foi naquele dia. Mas, a menos que o sr. Pétiet fosse um personagem muito notável e tivesse feito ações igualmente notáveis, esse espetáculo só poderia interessar àqueles que o conhecessem. Haveria outro processo verbal da mesma jornada muito mais interessante, aquele que nos daria um deus que tivesse um registro perfeitamente exato de todas as operações de sua mente e de sua alma. Isto é, de seus pensamentos e seus desejos.[20]

Nos pensamentos e desejos de Julien Sorel, parecem se refletir de maneira bastante evidente os pensamentos e desejos de seus pares, de seus conterrâneos. Na história do indivíduo — nisso o romance encontra sua pertinência — tem de estar metonimicamente presente a história de uma sociedade inteira, a história de um tempo. Sorel é um jovem que sonha um futuro brilhante para si mesmo, e que se vê aos poucos frustrado, obrigado a controlar seus pendores heroicos, a inventar "as palavras de uma hipocrisia cautelosa e prudente". "Minha vida não passa de uma série de hipocrisias porque não tenho mil francos de renda para comprar o pão", lamenta para si, e logo já não se vê tão virtuoso, logo não passa de "um sujeito bem sem graça, bem comum, bem aborrecido para os outros, bem insuportável para mim mesmo". Na conversa entre dois pedreiros que Sorel entreouve sem querer, a verdade se revela sem rodeios: "Quem nasceu miserável continua miserável, e pronto".[21]

Não será tão exagerado dizer que a desilusão vivida por Sorel é a desilusão que a França viveu. No idealismo daquele jovem, em seu sonho de grandes conquistas, persistia algo da utopia da Revolução, persistia também o espírito de Napoleão, a amplitude de seus anseios imperiais. Ao jovem que amadurece, porém, só se apresenta uma sociedade despida de seus ideais ainda tão novos, uma sociedade resignada ao retorno das relações aristocráticas e das hierarquias tradicionais, a realidade lamentável da Restauração. Esse é o grande mérito de Stendhal que muitos souberam enxergar e que Auerbach soube descrever como ninguém:

> O fato de encaixar de forma tão fundamental e consequente a existência tragicamente concebida de um ser humano de tão baixa extração social, como aqui a de Julien Sorel, na mais concreta história da época, e de desenvolvê-la a partir dela, constitui um fenômeno totalmente novo e extremamente importante.
> [...]
> Na medida em que o realismo moderno sério não pode representar o homem a não ser engastado numa realidade político-socioeconômica de conjunto concreta e em constante evolução [...], Stendhal é o seu fundador.[22]

E se esse é um momento definitivo do romance, surge, inevitável, a pergunta: que romance aqui se define? Impossível não deduzir, a partir desse exemplo, o romance como gênero do pessimismo, da falência dos ideais humanitários, da sociedade que replica através dos tempos suas injustiças. A epopeia de um mundo abandonado por deus é a epopeia de um mundo abandonado também pelas utopias, mundo injusto sem redenção possível. Da desilusão do sujeito que habita esse mundo, que só enxerga "a predeterminação absoluta do malogro", se constituiria assim uma desilusão inerente à própria narrativa — ou, de novo no dizer de Lukács, "a evidência de que o fracasso é uma consequência necessária de sua própria estrutura interna".[23]

Quanto não se pode objetar, entretanto, diante de afirmações tão assertivas? Quanto não há de excessivo nesse salto do exemplo para a regra, da obra única a uma improvável lógica maior de todo o gênero? O próprio Stendhal sabia desconfiar de suas súbitas certezas, sabia ter de se conter diante dos pequenos fatos verdadeiros com que ia topando pelo caminho: "Faço todos os esforços para ser seco. Quero impor silêncio ao meu coração, que acredita ter muito a dizer. Tremo sempre de medo de não ter escrito mais que um suspiro quando creio ter anotado uma verdade".[24]

Sejamos francos, afinal: a verdade de Stendhal como fundador e modelo do realismo moderno, a verdade do romance como gênero do pessimismo, talvez não passe de um suspiro, de uma expressão subjetiva e efêmera. Ainda que a negatividade seja a marca da ascensão do romance nesse contexto, ainda que possa ter se convertido em sua vocação e pareça prevalecer vastamente ao longo dos séculos, ainda que por ora sejam ínfimos os exemplos contrários, nada impede de pensar a possibilidade de um romance otimista, um romance da sociedade emancipada, da positividade política, da superação das injustiças. Cabe então acusar, neste momento, a efemeridade inexorável das certezas. Se o exemplo de Stendhal nos ensina algo é que a existência do que quer que seja — um homem, uma classe, uma forma, um pensamento — está sempre frouxamente cravada no lamaçal de seu tempo e, como ele, há de evanescer.

Haveria, porém, quem fizesse de sua literatura uma afirmação ainda mais assertiva sobre a autoridade do gênero, quem levasse esse mesmo realismo ao paroxismo, transformando o que era quase instintivo em Stendhal num projeto amplo, completo e racional de produção romanesca. Balzac não era tão humilde, a ele não bastava expressar um mal-estar próprio, uma inconformidade qualquer: se alguma vez se sentiu deslocado, soube encontrar seu lugar preciso atrás da mesa de seu escritório, a mão incansável sustentando a pena, por catorze, dezesseis, dezoito horas ao dia, os olhos absorvidos na profusão de páginas que criava. A Balzac não parecia suficiente a construção de um personagem verossímil que encampasse a história, não lhe interessava a metonímia, a parte que substituísse o todo. Ele queria a totalidade sem substitutos, queria três ou quatro milhares de personagens verossímeis, queria, em suas palavras, "uma visão completa da humanidade", "a fisiologia geral do destino humano".[25]

A ideia primeira da *Comédia humana* lhe sobreveio — assim ele romantizou em seu prefácio — como um sonho,

> como um desses projetos impossíveis que acariciamos e com que nos deixamos envolver; uma quimera que sorri, que mostra seu rosto de mulher e logo abre suas asas para subir a um céu fantástico. Mas a quimera, como muitas quimeras, se transforma em realidade, tem seus comandos e tiranias aos quais é preciso ceder.[26]

A quimera de Balzac, portanto, não parecia pesar muito em suas costas, estava mais próxima de um pássaro portentoso do que de um fardo que o encurvasse — mas ainda assim lhe exigia responsabilidade, se convertia sem demora em uma missão pessoal. Balzac acudiria ali onde a historiografia falhava, valendo-se para isso da liberdade que a ficção lhe resguardava, acudiria para "escrever a história esquecida por tantos historiadores, aquela dos costumes". Escreveria, "com muita paciência e coragem", uma obra extremamente necessária, o registro terminante de nossa sociedade, "o livro que todos lamentamos que Roma, Atenas, Tiro, Mênfis, a Pérsia, a Índia infelizmente não nos deixaram sobre suas civilizações".[27]

Que ninguém pense tratar-se de um mero arroubo retórico; toda essa amplitude de propósitos seria perseguida de maneira sistemática, ordenada, rigorosa. Seu plano estava claro muito antes do célebre prefácio de 1842, prefácio pretensioso em que ele alegava ter alcançado esses propósitos. Já oito anos antes, o plano se expunha em todas as suas linhas principais numa carta que o autor enviou à amante, a condessa Ewelina Hańska, com quem se casaria quando enfim se visse livre de tantos labores:

> Os *Estudos dos costumes* representarão todos os efeitos sociais sem que nenhuma situação da vida, nenhuma fisionomia, nenhuma característica de homem ou de mulher, nenhuma maneira de viver, nenhuma profissão, nenhuma zona social, nenhuma província francesa, nem o que quer que seja da infância, da velhice, da maturidade, da política, da justiça, da guerra, seja esquecido. Isso posto, a história do coração humano traçada fio a fio, a história social feita em todas as suas partes, eis a base. Não serão fatos imaginários; será o que acontece em todo lugar.
>
> O segundo passo são os *Estudos filosóficos*, porque depois dos *efeitos* virão as *causas*. [...] Nos *Estudos filosóficos*, eu direi o por-

quê dos sentimentos, o sobre o quê da vida; qual é a parte, quais são as condições para além das quais nem a sociedade nem o homem existem; e depois de ter percorrido a sociedade para descrevê-la, eu a percorrerei para julgá-la. Pois, depois dos *efeitos* e das *causas*, [...] é preciso pesquisar os *princípios*.

[...] Algum dia, quando eu tiver terminado, nós poderemos rir. Por enquanto, é preciso trabalhar.[28]

Encerrado há quase dois séculos o grandioso projeto de Balzac, talvez nos caiba por um instante acompanhá-lo no riso. Tão imenso é aquilo a que ele se propôs como missão pessoal que pode até ser concebido como missão geral de todo o romance, de todos os romances unidos: essa imensidade, essa visão completa da humanidade, essa fisiologia geral do nosso destino. Se muito se esforçassem, se jamais perdessem o viço, quiçá todos os romancistas do mundo conseguissem um dia cumprir aquilo que Balzac quis cumprir sozinho. Houve, no entanto, quem acreditasse que ele de fato alcançou seu objetivo quimérico, importantes colegas seus que não se privaram de incensá-lo pela conquista. Disse Victor Hugo, por exemplo, por ocasião de seu elogio fúnebre: "Todos os seus livros não formam senão um livro, livro vivo, luminoso, profundo, onde se vê ir e vir, e andar e se movimentar, com não sei quê de desvairado e de terrível mesclado ao real, toda a nossa civilização contemporânea".[29]

Mas talvez também caiba lembrar, antes de continuarmos a inquirir as muitas ambições de Balzac, quanto se tem julgado problemática qualquer ambição de totalidade quando o assunto é o romance. Não hão de ser por acaso, afinal, os incontáveis obstáculos ao desenvolvimento da forma até esse momento pontual, marcado no tempo, o átimo em que Balzac pôde formular as abrangentes pretensões de seu intento. Como não há de ser casual, sem dúvida, a desmontagem dessa mesma forma que se fará no século seguinte, e mesmo antes, na década seguinte — a desmontagem já prenunciada em Flaubert e Dostoiévski, em seus romances bem menos onipotentes. O romance que se quer total, enfim, logo estará fadado ao fragmento. Em duas passagens de Lukács talvez encontremos pistas para decifrar o problema, ou o paradoxo que aqui se apresenta: "O romance é a epopeia de uma era para a qual a totalidade extensiva da vida não é mais dada de modo evidente, para a qual a imanência do sentido à vida tornou-se problemática, mas que ainda assim tem por intenção a totalidade"; e: "O romance é a forma da virilidade madura: isso significa que a completude de seu mundo, sob a perspectiva objetiva, é uma imperfeição, e em termos da experiência subjetiva uma resignação".[30]

Talvez seja possível dizer que, mesmo na onipotência de Balzac, mesmo em sua imensa fecundidade, havia de fato algo como uma resignação imprevista. Como Stendhal, como alguns romancistas anteriores — como talvez se insinuasse desde sempre na própria ideia de romance, no possível cerne do gênero, em sua improvável essência —, Balzac tinha que se resignar ao real, aos seus acasos e incertezas, à sua inverossimilhança. Por mais contraditório que parecesse à primeira vista, havia também algo de modesto em seu projeto, um conformismo com sua matéria. Algo que ele revelava com eloquência no mesmo parágrafo do prefácio, aceitando sua própria pequenez ante a grandeza do mundo verídico e os desmandos da realidade: "O acaso é o maior romancista do mundo; para ser fecundo, basta estudá-lo. A sociedade francesa seria o historiador, eu devia ser apenas o secretário".[31]

Por mais que se portasse como um deus de carne a manipular personagens feitos de papel, Balzac sabia não poder agir com plena soberania, sabia ter de criar seus enredos com cuidado e diligência. Parece haver, assim, mesmo neste possível auge de potência do romance, uma limitação impreterível, algum elemento de impotência. Mais uma hierarquia que se mantinha através dos tempos, talvez: a subordinação do romance ao mundo real, a sujeição da matéria narrada à matéria existente. É o próprio Balzac quem o afirma desde cedo, explicitando também a saída que lhe resta: "Tudo é verdade no mundo real, mas a maioria das coisas verdadeiras se tornam inverossímeis nessa história dos costumes que chamamos de Romance; também os historiadores do coração humano devem, para tornar o fato verossímil, dar todas as raízes de um fato".[32]

Ao que parece, para Balzac, transitando enfim das intenções à obra, as raízes dos fatos se escondiam nos detalhes. Para que o romance não definhe muito aquém da realidade, para que consiga em algum limite tocar a história, ele deve encontrá-la em cada rosto, em cada objeto, em cada espaço. Em Balzac, a história mora em cada casa. Percorre as ruas próximas, se anuncia já nos muros de pedra que a contornam, se escora nas paredes amareladas, descansa nos pertences opulentos ou miseráveis de cada personagem. O exterior é a porta que se abre para o interior: pela casa, tudo sabemos de seus moradores; pelas parcas peças de roupa, tudo entendemos sobre quem as veste. Aqui sim, nessa dimensão tão discreta, encontra-se a metonímia como elemento: entramos na casa, nos sentamos no sofá da sala e, nos vincos de um rosto, lemos uma biografia, na sucessão de expressões de uma face, uma personalidade.

Estamos então no cerne do que Franco Moretti lerá como uma das características fundamentais desse "século sério", a fartura de objetos que, ao serem narrados, ganham proeminência, o romance a se povoar de mil detalhes muito concretos.

> Trata-se de uma real "descoberta" do cotidiano, a operada pelo romance na primeira parte do século XIX: a trama se adensa, enche-se de mil coisas (como quase tudo na época: as nações se enchem de estradas, depois, de ferrovias; as cidades, de casas, estas,

de móveis, os móveis, de infinitos objetos...) [...] é como se o século XIX quisesse subtrair o cotidiano ao tédio: estremecê-lo, fazer dele narração.³³

Nas palavras de um personagem de Balzac, vaticinando o futuro de outro que se faria escritor: "O senhor fará assim uma história da França pitoresca onde pintará os costumes, o mobiliário, as casas, os interiores, a vida privada, a tudo conferindo o espírito do tempo, em vez de narrar penosamente fatos conhecidos. [...] Ao final de dez anos de persistência, alcançará glória e fortuna".³⁴

Não que desapareça o drama com a desaparição dos campos abertos, dos embates épicos, dos grandes enredos aventurescos. Pelo contrário, o drama subsiste e se alastra por toda parte, o drama se faz onipresente, se difunde em mil pequenezas. Acompanhamos os sofrimentos comezinhos da jovem Eugénie Grandet: "Aquela tarde foi semelhante, na aparência, a mil outras tardes de sua monótona existência. Foi, porém, sem dúvida, a mais horrível".³⁵ Em desafio ao pai, sujeito tremendamente pródigo em avarezas, Eugénie oferece uma colherada de valioso açúcar ao homem que enxerga como seu melhor pretendente: "A parisiense que, para facilitar a fuga do amante, sustenta com seus fracos braços uma escada de seda não demonstra, certamente, maior coragem do que a de Eugénie ao repor o açúcar sobre a mesa".³⁶

Todos esses dramas tão míseros, de forma mais explícita ou mais latente, estão permeados pela questão do dinheiro. Ainda uma vez, na ausência de velhos deuses, da velha fortuna, o dinheiro é que controla a dinâmica das relações, o dinheiro se torna a instância reguladora suprema. Também ele se estampa nos rostos que o narrador examina com minudência: "Não estava ali, acaso, o único deus moderno em que se acredita, o Dinheiro em todo seu poder, expresso por uma única fisionomia?".³⁷ Quando a noite cai, e se crê despercebido, o pai sovina vai discretamente acariciar, afagar, abraçar suas moedas. Não bastasse imagem tão contundente, o didático narrador acha necessário dizê-lo com todas as letras: "mais que em qualquer outro tempo, o dinheiro domina as leis, a política e os costumes. Instituições, livros, homens e doutrinas, tudo conspira para solapar a crença numa vida futura, sobre a qual o edifício social se apoia há mil e oitocentos anos. Atualmente, a sepultura é uma transição pouco temida".[38]

A desilusão que víamos em Stendhal, diante da manutenção dos antigos privilégios aristocráticos, alcança aqui sua forma moderna: a desigualdade tal como a conhecemos, a disparidade entre riqueza e pobreza. Se uma das propostas de Balzac é retratar as muitas classes e suas respectivas vivências, se a estratificação é uma de suas premissas, é inevitável que em sua obra se espelhe uma sociedade iníqua, que a injustiça ali se revele endêmica. Fracassarão os jovens humildes que se postularem à ascensão social: no império do verossímil, jamais alcançarão o posto que desejam — as ilusões que não estão perdidas desde o início, fatalmente se perdem no desfecho. No império do dinheiro, a reificação toma conta de cada ínfimo gesto e — dirá o autor no prefácio à primeira parte de suas *Ilusões perdidas* — "o estado social adapta de tal forma os homens às suas necessidades e os deforma de tal modo que em lugar algum os homens são semelhantes a si próprios".[39]

Eis então mais uma maneira, tremendamente expressiva, em que Balzac fracassa em retratar homens e mulheres em sua essência. Adorno, um século depois, elogiará sua argúcia crítica: "a sua visão de intelectual fez com que ele compreendesse, como Marx o exprimiria mais tarde, que no apogeu do capitalismo os homens são máscaras de caracteres". E definirá com propriedade: "toda a *Comédia humana* é uma vasta fantasmagoria, sua metafísica é aquela da aparência".[40] Na sociedade desigual que o autor se obriga a descrever, na sociedade desigual em que vivemos, talvez nos caiba assumir então a contradição intrínseca e dizer que somos todos igualmente pobres, que nossa realidade se deixa depauperar pela ubiquidade do dinheiro.

Confirma-se assim a tendência do gênero ao pessimismo, tal como víamos em Stendhal, sua propensão à descrição objetiva que se converte em denúncia social? Podemos ler em Balzac a afirmação efetiva dessa vocação, realizada com contundência em páginas incontáveis? Mais: teria Balzac firmado o romance como gênero da afirmação, a forma em que se pode alcançar a suma declaração sobre a sociedade ou a natureza do ser? Estaria em Balzac, então, o protótipo de grande romance que tantos consideram característico do século inteiro? Teríamos passado enfim, e tão rapidamente, do estabelecimento pleno da forma ao seu apogeu?

Calma, nos pede a história, calma, nos pedem essas mesmas páginas. Ainda que, ao ler Balzac, possamos nos contagiar por sua certeza, sua grandiloquência, sua assertividade, há também em suas obras uma infinidade de aspectos discrepantes, de ricas nuances, há — sempre vale dizer — riqueza muito maior do que poderia alcançar um mero modelo. Alguém que devotou tantas horas de tantos dias ao romance, esse homem que talvez tenha sido o mais dedicado romancista que já existiu, decerto não permitiria que, em sua obra, o gênero se rebaixasse, assumisse uma função tão estável, tão estéril.

Vale observar uma última sequência do autor, tratando justamente de questões literárias, para que estas muitas falsas certezas se desfaçam. O jovem Lucien, protagonista das *Ilusões perdidas*, quer se iniciar no exercício do jornalismo escrevendo a resenha de uma obra. A obra lhe agrada, lhe parece bela e consistente, mas não é esse o juízo que dele se espera. Querem que ele a destrua, como o experiente Lousteau o orienta:

[Ao criticá-la, você] explicará então que, em nossos dias, se produz uma nova literatura que abusa dos diálogos (a mais fácil das formas literárias) e das descrições que dispensam o pensamento. Oporá os romances de Voltaire, de Diderot, de Sterne, de Lesage, tão substanciais, tão incisivos, ao romance moderno onde tudo se traduz por imagens [...]. Você fulminará esse gênero onde as ideias se diluem [...]; gênero acessível a todos os espíritos; gênero em que cada um pode se tornar autor sem grandes esforços; gênero, enfim, a que você chamará de literatura de imagens. Você aplicará essa argumentação à obra de Nathan, demonstrando que ele é um imitador e que somente tem a aparência do talento. [...] O movimento não é a vida, o quadro não é a ideia! Enuncie sentenças como essas, e o público as repetirá. [...] Aqui você poderá entregar-se então a estrondosas lamentações sobre a decadência do gosto [...][41]

Quando o jovem enfim se convence, seu rosto iluminado diante de tantas certezas, de tantas "verdades literárias das quais nem mesmo suspeitara", quando enfim encontra as palavras certas e sua resenha resulta em grande sucesso, outro virá a persuadi-lo do contrário, Blondet o convencerá a escrever um novo texto se refazendo. Nele diria que "o último estágio da arte literária é o de exprimir a ideia pela imagem", que o *progresso* é "uma adorável mistificação a ser atribuída aos burgueses", que "o romance, que pede sentimento, estilo e imagem, é a criação moderna mais importante". Ante a estupefação do jovem, que o contempla perdido, dubitativo, carente de qualquer convicção própria, Blondet se exalta:

Ah, rapaz, eu o julgava mais forte! Não, palavra de honra, observando sua fisionomia, eu o dotava de uma onipotência semelhante àquela dos grandes espíritos, todos suficientemente constituídos para poder considerar qualquer coisa sob seu duplo aspecto. Meu rapaz, em literatura, cada ideia tem sua face e seu reverso. Ninguém pode arcar com a responsabilidade de dizer qual é a face. Tudo é bilateral no domínio da ideia. As ideias são binárias. [...] Ousaria você afirmar qual sua verdadeira opinião? Quem de nós poderia pronunciar-se entre Clarisse e Lovelace, entre Heitor e Aquiles? Quem é o herói de Homero? Qual foi a intenção de Richardson? A crítica deve contemplar as obras sob todos os aspectos. [...] mas somos comerciantes de frases, e vivemos do nosso comércio.[42]

Nunca antes disso, talvez, a teoria se viu em tamanho descrédito. Nunca também a prática do romance se mostrou tão complexa, tão marcada por diversos matizes, por uma contínua oscilação dialética. Súbito, do gênero da afirmação, do gênero assertivo, do gênero da certeza, oscilamos pendularmente ao gênero da dúvida, da ambiguidade, da ambivalência. Gênero do paradoxo, eu poderia repetir ainda uma vez, consciente, porém, de que tal afirmação também precisa passar por uma miríade de questionamentos, também insiste em se tornar uma certeza e, como tal, há de ser negada no próximo movimento do pêndulo. Tento povoar este texto de incertezas para me fazer mais preciso, para me proteger; mas a esta altura parece bastante claro que nem a certeza da dúvida o romance nos permite manter.

A LINGUAGEM

"Que homem teria sido Balzac, se soubesse escrever!",[43] exclamou certa vez Flaubert numa carta privada, uma carta que desconcertou muitos quando veio à tona, algumas décadas depois de escrita. Quando lançou seu comentário sardônico, Flaubert era ainda um jovem, inédito e desconhecido, a confrontar seu próprio potencial contra os grandes autores que lia com afinco, a oscilar continuamente entre a admiração extrema e o desprezo desabrido. Em suas leituras críticas, confessadas em cartas muito sinceras, Stendhal também não lhe passou incólume, pelo contrário, sofreu um juízo mais duro ainda:

> Eu conheço *O vermelho e o negro*, que acho mal escrito e incompreensível em relação aos personagens e às intenções. Eu sei muito bem que as pessoas cultivadas não têm esta opinião, mas é uma coisa esquisita esta dos homens cultivados; eles têm santinhos só deles que ninguém conhece. [...] Não compreendi nada do entusiasmo de Balzac por um escritor desse tipo.[44]

O que mais incomodava esse jovem um tanto insolente era algo muito preciso: a imprecisão com que escreviam esses sujeitos, o descuido na composição das frases, na escolha das palavras, na construção de um estilo. A cada dia, ele passava incontáveis horas labutando parágrafos de maneira obsessiva, preocupado com cada nuance de sonoridade e ritmo, e quando então se punha a ler os escritores que admirava, talvez para se calibrar no ofício, não podia tolerar a quantidade de incorreções, instabilidades, repetições e cacofonias que ia encontrando em suas páginas. Como a cada dia perseguia em sua própria obra essas imperfeições, como promovia uma caçada implacável de preposições e adjetivos repetidos, conjugando à escrita um processo de revisão dos mais rígidos, não podia senão exigir dos outros a mesma dedicação, o mesmo ímpeto.

Sabia, no entanto, que não devia aplicar a todos os mesmos critérios que aplicava para si. Sabia muito bem que essas sensibilidades não são universais ou atemporais, que vão se criando no espaço e no tempo: "até nós, até os bem modernos", dizia, "não se tinha ideia de uma harmonia sustentada pelo estilo".[45] Ele tinha clara consciência da historicidade do gênero; era nessa história que situava Balzac e, observado seu contexto, a crítica que lhe faz se transforma num sonoro elogio: "Eu creio que o romance acaba de nascer, ele espera seu Homero. Que homem teria sido Balzac, se soubesse escrever! Mas só lhe faltou isso. Um artista, afinal, não teria alcançado sua amplitude". O estilo era a compulsão maior de Flaubert, o estilo absorvia sua atenção quase maníaca, era em seu julgamento a única expressão legítima da arte, mas ele sabia que essa rigidez podia se converter em limitação, que esse era o maior risco de que sofria, um risco que não lhe deixava qualquer saída:

> Há uma boa frase de La Bruyère à qual me apego: "Um bom autor crê escrever razoavelmente". É o que peço, escrever razoavelmente já está muito bem como ambição. No entanto há uma coisa triste, é ver quanto os grandes homens alcançam facilmente o efeito fora da própria Arte. O que há de mais mal construído do que tantas coisas de Rabelais, Cervantes, Molière e Hugo? Mas que murros súbitos! Quanto poder numa só palavra! Quanto a nós, é preciso empilhar pedra sobre pedra para construir nossa pirâmide que não chega a um centésimo das deles, que são feitas de um bloco só. Mas querer imitar o procedimento desses gênios seria perder-se.[46]

Se antes o ideal literário se investia da ambição de escrever coisas verdadeiras, de retratar o mundo em sua realidade palpável e da maneira mais verossímil, em Flaubert se realiza um ligeiro retorno no tempo — ou um novo movimento do pêndulo — em direção ao belo. Seu processo em nada se assemelha àquele dos ingleses de um século antes, a produção ágil em linguagem direta, as muitas laudas a serem pagas por peso. Em nada se assemelha à disciplina de Balzac, trancado no escritório até que preenchesse uma quantidade mínima de páginas, a chave em posse de sua mulher. Flaubert, além de solteiro, não precisava de tal eficácia diária — como um aristocrata, vivia de renda. Vivia, porém, acometido "mil vezes por dia de momentos de angústia atroz", e prosseguia em sua obra lenta "como o bom operário que, braços arregaçados e cabelos suados, bate a sua bigorna sem se importar se chove ou se venta"[47] — operário ou escravo egípcio, com algum esforço parece nunca lhe faltar a metáfora certa. "Uma boa frase deve ser como um bom verso", propôs Flaubert desde muito cedo, e continuou a pensá-lo com o passar das décadas. "É a precisão que faz a força. Tanto no estilo como na música: o que há de mais belo e mais puro é a pureza do som."[48]

Era, então, um prosador mais preocupado com a poesia do que com a prosa. Declarada e devota era sua paixão pela forma, e a nada mais se entregava com tanto ardor e prazer. Soaria, aos nossos ouvidos, como um entusiasta do frívolo ou um mero esteta, se não tivesse se ocupado ele próprio de combater tais preconceitos, se não tivesse denunciado a pobreza dessa visão dicotômica da estética. A Flaubert devemos algo da complexidade com que hoje enxergamos a relação entre forma e conteúdo. Nele se formulam, quiçá pela primeira vez com tanta clareza, algumas noções que se perpetuariam por mais de um século, e esse não é um fator tão menor assim para a sua permanência em nosso campo de interesses:

> Poeta da forma! É o palavrão ultrajante que os utilitários lançam contra os verdadeiros artistas. Para mim, enquanto não conseguirem, numa frase, separar a forma do fundo, eu sustentarei que são duas palavras vazias de sentido. Não há belos pensamentos sem belas formas, e reciprocamente. A Beleza transpira forma no mundo da Arte, tal como acontece no nosso mundo com a tentação, o amor. Assim como você não pode extrair de um corpo físico as qualidades que o constituem, isto é, a cor, extensão, solidez, sem reduzi-lo a uma abstração vazia, sem, numa palavra, destruí-lo,

assim também você não pode retirar a forma da Ideia, pois a Ideia não existe a não ser em virtude de sua forma.[49]

Talvez hoje soem como obviedades estas declarações que se propunham contundentes, mas vale lembrar que um século depois a questão ainda suscitaria polêmica, estando no cerne da discussão já referida entre Sartre e Adorno, ou entre o romance que se pretende engajado e o que almeja explorar mais a fundo sua própria agonia estética. Como poucos autores na história do gênero, poucos privilegiados a serem lidos com tanta atenção e tanto fervor, a figura de Flaubert parece estar submetida a uma árdua disputa, sua herança reivindicada por ambos os lados da contenda. Aos apreciadores do formalismo, e mesmo aos defensores da vertigem destrutiva que se viu nas artes no século seguinte, esse jovem a revelar suas paixões em cartas muito diretas acabou por render algumas de suas citações mais frequentes. Nesta, por exemplo, ele se revela não apenas um artista comprometido com sua forma, com o rigor do seu objeto, mas quase um visionário, um profeta daquilo em que, no julgamento desses sujeitos, se converteria a literatura em muito pouco tempo:

> O que me parece belo, o que eu gostaria de fazer, é um livro sobre nada, um livro sem amarra exterior, que se sustentaria pela força interna de seu estilo, como a terra, sem estar sustentada, se mantém no ar, um livro que não teria quase tema, ou pelo menos em que o tema fosse quase invisível, se é que pode haver. As obras mais belas são as que têm menos matéria; mais a expressão se aproxima do pensamento, mais a palavra cola em cima e desaparece, maior é a beleza. Eu creio que o futuro da Arte está nesses caminhos.[50]

Mas terá Flaubert de fato escrito esse livro com que tanto sonhava, esse livro sem amarras externas, sem matéria, só estilo e nada mais? Terá cumprido o programa poético que parece alardear, sem concessões temáticas ou referenciais? Terá seguido à risca os princípios rígidos que alguns lhe atribuíram com tanto entusiasmo? Muito escreveu esse jovem à medida que os anos se passaram, muito se encerrou no escritório e se entregou a projetos vários — por vezes exóticos, como o romance histórico em *Salammbô*, a sátira intelectual em *Bouvard e Pécuchet* — e, ainda assim, nunca esse jovem tornado velho chegou à obra que reverenciava, nunca escreveu o romance só linguagem. A razão para essa desistência só nos cabe especular. Talvez tenha se deparado com um limite pessoal, o limite que o levou a exclamar, aliando-se a Balzac na desgraça: "Oh, meu deus, se eu escrevesse no estilo que tenho em mente, que escritor eu seria!". Talvez, porém, não estivesse tão convicto do que dizia nesses enlevos retóricos, talvez se visse mais dividido do que querem admitir esses seus apreciadores — como ele próprio confessa na mesma carta memorável:

> Há em mim, literariamente falando, dois sujeitos distintos: um que é arrebatado por falatórios, lirismos, grandes voos de águia, por todas as sonoridades da frase e pelas alturas da ideia; um outro que folheia e escava o verdadeiro tanto quanto pode, que gosta de captar o pequeno fato tão poderosamente quanto o grande, que gostaria de lhe fazer sentir quase materialmente as coisas que reproduz: esse aí gosta de rir e se diverte com as animalidades do homem.[51]

Há, portanto, outro Flaubert. Um Flaubert incensado por outros apreciadores, o Flaubert que Sartre investigou em páginas intermináveis, valendo-se em sua devassa de todos os recursos de que dispunha, tratando de contemplá-lo a partir do existencialismo, do marxismo, da antropologia, da psicanálise. Há um Flaubert obstinado em compreender o mundo ao seu redor, em captá-lo pela minúcia da linguagem, em alcançar sua inalcançável verdade. Eis uma hipótese para que nunca tenha escrito seu livro sobre nada: o tudo que o cercava o atraía demais para que pudesse apenas ignorá-lo. Esse autor, que gostaria de se extraviar pelas palavras como se por notas musicais, observa com olhar implacável a tragicidade da experiência, e assim se torna capaz de retratá-la com imensa objetividade. Esse autor que se cansa de seu tema, que se aborrece com o realismo, que não suporta mais tantos conflitos burgueses, tantos personagens deploráveis, dá-se a eles com uma entrega impressionante, dedica-se a eles com disciplina e fidelidade.

Não há surpresa nessa virada, ou não precisaria haver. O efeito dessa devoção às vicissitudes da linguagem é uma supressão do ser, uma supressão do autor e suas vontades, uma supressão de si mesmo ante o magnetismo das palavras e a potência do que se narra. O papel do autor agora está limitado à escolha dos fatos, aponta Auerbach,

> [...] e isto ocorre com a convicção de que qualquer acontecimento, se for possível exprimi-lo limpa e integralmente, interpretaria inteiramente a si próprio e os seres humanos que dele participassem. [...] Sobre esta convicção, isto é, sobre a profunda confiança na verdade da linguagem empregada com responsabilidade, honestidade e esmero, repousa a arte de Flaubert.[52]

O romance assume, assim, a virtude momentânea da impessoalidade. "Adeus, isto é, adeus e para sempre ao pessoal, ao íntimo, ao relativo",[53] despede-se Flaubert, querendo que se despeçam também os demais. "A individualidade é um crime. O século XVIII negou a alma, e o trabalho do século XIX será talvez o de matar o homem."[54] *Madame Bovary c'est moi*: a frase mais célebre de Flaubert é também a mais falaciosa, ou a que menos condiz com a sua proposta.

Quem é então Emma Bovary, para além dessa encarnação muito questionável do autor nas páginas de sua obra? Construída cena a cena com tal rigor de pormenores, invadida em seus pensamentos por um narrador que nada deixa escapar, um narrador que, pela primeira vez, permite que se confundam as suas vozes, Madame Bovary preserva, todavia, algo enigmático, inacessível, indevassável — talvez como o próprio homem que a concebe. Fora da obra nem mesmo o autor a conhece, mostra-se injusto com ela, julga se tratar de "uma natureza algo perversa, uma mulher de falsa poesia e de falsos sentimentos".[55] Imerso na obra, por sua vez, o leitor se vê indeciso, incapaz de chegar a um juízo categórico, vacilando entre a impressão de estar diante de uma garota fútil, uma esposa egoísta, uma mãe relapsa, ou uma mulher com uma consciência aguda das muitas opressões que se abatem sobre ela, da injustiça do mundo em que vive, uma mulher a batalhar com bravura por sua liberdade.

Desde os primórdios do gênero acompanhávamos essa história, desde Moll Flanders e antes, desde Pamela e Clarissa e depois: a mulher que começávamos a conhecer nessa infinidade de biografias ficcionais, aqui, com potência, se revolta. Estamos diante do sujeito em crise que tanto descreveu Lukács, sujeito que sofre de uma angústia indizível e quer dizê-la como for capaz, sujeito a quem faltam as palavras, a ocasião, a habilidade. Mas a situação desse sujeito é agora mais crítica por não se tratar de um homem: a mulher, nessa crise, torna-se a vítima principal. A desilusão de que sofre essa personagem é muito mais profunda que a de Julien Sorel, muito mais ampla que a de Lucien de Rubempré, muito mais total. Aprisionada numa sociedade que quer lhe estipular papéis precisos demais, aprisionada na função de mulher modelar, aprisionada em leituras vulgares, aprisionada em sua própria casa — orgulhosa demais até para sair do quarto, descer à cozinha e se unir à outra mulher que ali está —, essa mulher sente com um desespero atroz o sem sentido da vida nessas condições, a insuficiência do que lhe é dado experimentar.

> Ela não era feliz, jamais o fora. De onde vinha então aquela insuficiência em sua vida, aquela podridão instantânea das coisas em que ela tocava? [...] Oh! Que impossibilidade! Nada, aliás, valia o desgosto de uma busca; tudo era mentira! Cada sorriso escondia um bocejo de aborrecimento; cada alegria, uma maldição; cada prazer, um desgosto; e os melhores beijos não deixavam nos lábios senão um desejo irrealizável de uma volúpia maior.[56]

O trato rigoroso da verdade leva, então, ao retrato de uma mentira, das muitas mentiras que devastam uma existência. Cumpre-se didaticamente o que Lukács dizia sobre o século XIX: alma e realidade de novo se desentendem, passam a travar uma relação inadequada, que "nasce do fato de a alma ser mais ampla e mais vasta que os destinos que a vida lhe é capaz de oferecer".[57] Emma não o aceita bem; "algo de belicoso" a invade e ela quer se insurgir contra tudo que a rodeia, tem "vontade de lutar contra todos os homens, cuspir-lhes no rosto, dizimá-los a todos".[58] Mas a saída que de fato encontra não a satisfaz, jamais a satisfaria, está mais próxima da capitulação do que do enfrentamento. Emma se entrega amorosamente aos mesmos homens que odeia, e o adultério em nada a liberta, é só mais um vestígio de sua impotência. Sua entrega é tão absoluta que ela chega a pensar em se salvar na fusão com um homem, em derivar ela própria em um filho homem, o filho que a redimiria se um dia chegasse a tê-lo:

> Desejava um filho, que seria forte e moreno. Ela o chamaria Georges. A ideia de ter um filho homem era como a esperança da desforra de sua impotência passada. Um homem, pelo menos é livre; pode percorrer as paixões e os países, atravessar os obstáculos,

buscar os prazeres mais distantes. Mas uma mulher está sempre presa. Inerte e flexível ao mesmo tempo, tem contra si as fraquezas da carne e as imposições da lei. Sua vontade, como o véu da cabeça, estremece a todos os ventos, há sempre um desejo que atrai e uma convenção que a impede.[59]

"Madame Bovary sou eu": volto a pensar na declaração inesperada de Flaubert. Talvez o autor perfaça aqui caminho inverso ao dela, queira se fundir com ela, se alie a ela na opressão, na claustrofobia, na impossibilidade, na insuficiência. Esse homem que poderia ser livre, que poderia percorrer paixões e buscar prazeres, está constrito nos limites de seu mundo, de sua linguagem, de sua procura sempre infrutífera pela beleza, pelo estilo perfeito. Está condenado também à fetidez dos temas burgueses, que o exasperam terrivelmente, mas dos quais não consegue esquivar-se — é a crítica de tanta mesquinhez o que se espera dele. "Escrever me aborrece!", ele protesta em muitas cartas; "Sinto contra a literatura o ódio da impotência".[60] Ainda uma vez, o romance mais exitoso, o mais competente, a realização plena de um projeto de representação da existência humana, vem acompanhado de um sentimento de irrealização, torna-se a expressão de um fracasso muito eloquente.

Alguns anos mais tarde, Flaubert se dedicará à representação específica desse fracasso, o fracasso melancólico de uma geração inteira. *A educação sentimental* é a expressão pungente do tédio, dos tédios do indivíduo que não encontram uma causa exata, o protagonista "imobilizado pelo receio do mau êxito", "deplorando, bem entendido, a decadência moderna",[61] dos grandes vazios de que o próprio autor afirma sofrer. O romance se imputará então algo da forma desse fracasso, boicotando seu próprio andamento, incapaz de se ater a um conflito certo, circunvagando entre alguns personagens de pouca ambição, de pouco interesse. Refletindo o humor soturno do protagonista, o romance medita "na miséria da vida, no nada de tudo".⁶² O tédio contagia a própria narrativa, e o leitor se vê diante de um "livro morto", como acusou Henry James sem qualquer condolência, "um laborioso monumento" que não preserva nenhum resquício do charme de *Madame Bovary*.

"Sentia-se perdido como um homem caído ao fundo de um abismo, que sabe que ninguém o socorrerá e que vai morrer",⁶³ diz o narrador sobre Frédéric Moreau, e é difícil não indagar se Frédéric não será também Flaubert. "Ninguém, hoje em dia, inquieta-se com a arte. Afundamo-nos no burguês de modo espantoso e não desejo ver o século XX", lamenta e antecipa o melancólico autor. Difícil compreender como esse homem tão negativo se fez herói, objeto de tão acirrada competição, como se transformou nessa grande referência do romance no suposto momento de sua afirmação.

Peço desculpas por tanto me ater a um contexto reduzido, por me submeter a um eurocentrismo repreensível ou, pior que isso, à específica tradição francesa, por ignorar outros países, outras culturas, outros continentes. Agora me aproximo, enfim, da literatura russa e me confesso hesitante, mais acovardado pelas dúvidas do que movido por qualquer conhecimento. Poderia seguir também aqui a lição de Auerbach e me declarar incapaz de comentar obras que não domino bem, autores cujas palavras me chegam de maneira indireta, mas se assim fizesse não estaria sendo nem justo nem sincero. Não seria sincero comigo, que acredito na resiliência da palavra impressa pelas vias mais diversas, inclusive pelas traduções longínquas. Não seria justo com os russos, que entraram nesta história por acreditarem na potência transnacional das letras, em mensagens fortes o bastante para atravessar a humanidade inteira.

Como falava pouco sobre si, como se entregava a um silêncio quase comovente sobre seus empenhos, Dostoiévski não reconhecia em seus próprios livros esse valor da universalidade, preferindo em vez disso atribuí-lo a Púchkin. Havia sido esse poeta, e não qualquer romancista, quem melhor assimilara o espírito do byronismo que tomara a Europa inteira, que atravessara de ponta a ponta o continente, em toda parte produzindo ecos. "Foi um grito poderoso em que se reuniram e entraram em acordo todos os gritos e gemidos da humanidade", discursou Dostoiévski. Púchkin ouvira esse grito, continuou ele, mas fora além: encontrara um caminho próprio, um caminho russo, se "inclinando ante a verdade do povo", reconhecendo "a verdade do povo como sua própria verdade". Na ressonância entre o grito e a verdade, Púchkin ou Dostoiévski, Púchkin ou o povo russo, haviam vislumbrado sua messiânica tarefa: "nosso povo encerra em sua alma essa tendência a se identificar com os demais povos, rumo a uma conciliação universal".[64]

Se desejava para as letras russas tal conciliação universal, uma identificação unânime entre todos os leitores, é surpreendente o tipo de narrativa que Dostoiévski se dispôs a escrever. Em seus livros já não estamos diante do indivíduo exemplar, do indivíduo que possa representar todos os demais, abarcar toda a sociedade. Em seus livros, ou ao menos naquele que André Gide considerou "o ponto culminante de sua carreira", aquele que George Steiner julgou ser "uma verdadeira suma de toda a sua obra", *Memórias do subsolo*, estamos diante de um sujeito excepcional, um homem abjeto, uma aparente monstruosidade. É pela exceção que Dostoiévski pretende dar conta da humanidade. O narrador anônimo é quem se define desse modo depreciativo, e não será exagero ver que assim deprecia todos os homens: "porque eu sou um canalha, porque sou o mais repulsivo, o mais ridículo, o mais mesquinho, o mais estúpido, o mais invejoso de todos os vermes sobre a terra, que de modo nenhum são melhores que eu".[65]

Esse é o homem que toma a palavra agora para nos contar a sua história, e de partida convém que desconfiemos. Entre os defeitos tantos que ele ostenta sem remorso, está um defeito novo no campo das letras, uma mudança de paradigma que significará um abalo forte com o passar dos tempos: esse narrador mente. Convém então que não aceitemos tão rápido suas supostas memórias ou confissões, que não acreditemos tão logo se tratar de um "homem doente", "um homem mau". Convém compreendermos que esse homem do subsolo, ou do subterrâneo, esse homem subversivo como também pressupõe o termo empregado no título,[66] se assemelha a cada um de nós de outra maneira: o fato de ser irredutível a um único aspecto, de se tratar de uma personalidade complexa. A condição em que vive, aliás, ele mesmo alerta, é a condição impreterível de muita gente:

> Não consegui chegar a nada, nem mesmo tornar-me mau: nem bom nem canalha nem honrado nem herói nem inseto. Agora, vou vivendo os meus dias em meu canto, incitando-me a mim mesmo com o consolo raivoso — que para nada serve — de que um homem inteligente não pode, a sério, tornar-se algo, e de que somente os imbecis o conseguem. Sim, um homem inteligente do século XIX precisa e está moralmente obrigado a ser uma criatura eminentemente sem caráter.[67]

Esse sujeito, então, poderia ser normal, é um sujeito inteligente, poderia ser o herói de um romance qualquer, mas se converte em anti-herói pelas circunstâncias de seu tempo. Quase nada de mau se pode imputar a ele, ao longo de sua autobiografia tão tensa, exceto o desejo de ser mau, o desejo não cumprido de fazer mal a alguém, seguido da difamação inocente do mundo que o cerca. O que o diferencia de seus pares é a consciência demasiado viva da própria degradação, somada à percepção de sua natureza inexorável, "uma consciência muito forte do inevitável da própria condição". "Qualquer consciência é uma doença",[68] ele nos diz, e essa doença o paralisa, o prende numa raiva irredimível, faz com que ele oscile toda a vida entre a agressividade e a covardia. Sua insanidade e sua sanidade têm a mesma origem, é o que nos explica esse "paradoxalista". Seu prazer e seu desespero são a mesma coisa, sua decência e sua canalhice. Normalidade e anormalidade se indiferenciam: "Todo homem decente de nossa época é e deve ser covarde e escravo. É a sua condição normal".[69]

Talvez não seja precipitado alegar que, já aqui, nesse suposto auge temporal do gênero romance, também o romance que se quer decente é incapaz de se mostrar normal. Como seu protagonista, o romance inteligente também padece em se tornar algo, em ganhar uma forma respeitável, em se assemelhar aos seus pares. Como seu protagonista, também o romance se degrada vertiginosamente, partilha do prazer e do desespero, ou do "prazer do desespero", com consciência extrema do que se passa. "Eu sou sozinho, e eles são *todos*",[70] nos diz o narrador singular, e é impossível não pensar na singularidade da obra narrada. O romance aqui se faz, então, o gênero da exceção. O romance que sobrevive aos séculos é o que se destaca dos demais, o anormal, o que estranha a si e aos outros; o resto fenece na indiferenciação.

Não demorou muito, nem mesmo quinze anos, e já vemos surgir algo que responde em alguma medida aos anseios de Flaubert, um livro sustentado por sua força interna, sem estrutura, sem muita trama, um livro que é quase só linguagem. Das parcas peripécias que ali se relatam depreendemos pouco, quase nada: o que interessa de fato é "aquela subjetividade agressiva e torturada do narrador-personagem, seu discurso alucinado, sua veemência desnorteada, o fluxo contínuo de sua fala, que parece estar sempre transbordando".⁷¹ Uma briga ou o desejo de uma briga num bar, as discretas crueldades de um jantar entre colegas, uma discussão acalorada com uma prostituta que ele paga, a isso se limitam os elementos factuais, a isso se reduzem as lembranças desse homem. O romance que se aproxima da consciência extrema, a passo acelerado se afasta de qualquer ação: "o resultado direto e legal da consciência é a inércia", nos diz o narrador. Como todas as narrativas de ação, parece querer nos dizer o autor, "todos os homens diretos e de ação são ativos justamente por serem parvos e limitados".⁷²

O único ato que lhe resta é o ato de escrever, assimilado porém ao ato de pensar. Pela primeira vez, é possível, o curso da narrativa segue a errância do pensamento: "Faço exercício mental e, por conseguinte, em mim, cada causa primeira arrasta imediatamente atrás de si outra, ainda anterior, e assim por diante, até o infinito. Tal é, de fato, a essência de toda consciência, do próprio ato de pensar".⁷³ O anônimo que rabisca essas anotações em algum porão empoeirado não quer se fazer autor, não pensa sequer que terá um leitor; como sua vida, sua obra lhe parece insignificante. Ele não organiza seu material com nenhuma finalidade aparente, não parece ter um norte ou um propósito evidente, suas memórias não obedecem a uma sequência ou a uma norma — isso é o próprio narrador quem insiste em dizer, mas não esqueçamos que esse narrador mente. Como lhe interessa, sim, alguma coerência, como seu emaranhado de pensamentos se pretende lógico, ele não pode deixar de postular alguns problemas certeiros, de fazer perguntas que incontáveis romances deveriam repetir no século seguinte:

> Não quero constranger-me a nada na redação das minhas memórias. Não instaurei nelas uma ordem nem um sistema. Anotarei tudo o que me vier à lembrança.

Bem, por exemplo, alguém poderia implicar com essas palavras e me perguntar: se de fato não conta com leitores, para que faz tais contratos consigo mesmo, e ainda por escrito, no sentido de que não instaurará uma ordem ou um sistema, que há de anotar tudo o que lhe vier à memória etc. etc.? Para que está dando explicações? Para que se desculpa?[74]

Por que o romance começa a se desculpar, e tão precocemente, não é algo que encontre resposta certa. Talvez se desculpe justamente por não encontrar respostas, por necessitar que algumas perguntas permaneçam em aberto — mas essa resposta, por sorte, é insuficiente. O caso é que o romance, já tão cedo, se mostra em desconcerto e fatigado demais para buscar soluções eficazes aos problemas que ele mesmo inventa, os problemas que a própria forma enseja. E, no entanto, quanto mais se distancia de suas certezas prévias, quanto mais se aliena e se desentende de si, quiçá mais se aproxime de algum cerne, de alcançar seu objetivo perene: "Estava esgotado, esmagado, perplexo. Mas, por trás da perplexidade, brilhava já a verdade. Uma verdade ignóbil!".[75]

Essa verdade, se existente, pode já ser outra verdade, que não aquela de Defoe e de Cervantes antes dele, que não aquela de Stendhal, Balzac, Flaubert. Essa verdade pode já não ser a verdade do romance: "Dostoiévski não escreveu romances", quis excluí-lo Lukács de sua tipologia da forma romanesca, enxergando nele uma novidade que o apartava de qualquer tradição, indícios evidentes de um porvir que ainda se delineia. "Ele pertence ao novo mundo. [...] se ele é apenas um começo ou já um cumprimento — isso apenas a análise formal de suas obras pode mostrar".[76]

O narrador anônimo de Dostoiévski, e talvez também o próprio autor, não se ofenderia tanto com a exclusão. Quando o livro se precipita para o fim com certa melancolia, também ele desconfia do que pôde atingir, também se indaga se não haverá outro fim ali impresso, para além do pequeno desfecho de sua narrativa: "não será melhor encerrar aqui as 'Memórias'? Parece-me que cometi um erro começando a escrevê-las. Pelo menos, senti vergonha todo o tempo em que escrevi esta *novela*: é que isto não é mais literatura, mas um castigo correcional".[77]

Estamos em meados do século XIX, estamos no apogeu do romance, é o que nos dizem quase todas as cronologias. Por que então sentimos, a um só tempo, esta euforia de um começo, esta vertigem de um fim?

A ESPERANÇA

Sobre o romance, sobre seus preceitos, seus objetivos, a linguagem que deveria ter, nunca chega a haver nenhuma concordância. Acompanhar a trajetória da ideia de romance, observar o que revelam os romancistas de uma mesma época, hipotética culminação de uma forma e de um pensamento, é acompanhar em vez disso uma miríade de ideias diferentes. Cada romancista não apenas imprime seu gesto a um movimento que o precede e permanece além dele; cada romancista, insisto, parece impor ao romance uma nova sentença, querendo suspender as anteriores, querendo se fazer a instância derradeira.

Nesse embate contínuo de pareceres seria cabível pressupor que todos perdem. Nem bem se estabeleceu uma verdade e outra vem a desmenti-la, numa sequência agressiva de inquirições e questionamentos. Se a vontade era ver a forma a se desenvolver, progredir em direção à perfeição que tanto se atribui a ela nesse século, pode ser grande a frustração em observar as imperfeições que marcam o processo, os conflitos não resolvidos, as novas noções que despontam e são abandonadas a esmo. Há, no suposto apogeu do romance, muito mais ruído e dissenso do que a maioria dos leitores e críticos gostaria de admitir. Em nenhum momento chega a se cumprir o romance ideal, o ideal de realização e transparência que tanto se alardeia. Pode ser forte, também, a impressão de que assistimos a um ideal de romance que começa a ruir prematuramente — muito antes do que esperávamos, ao menos. E não terá passado despercebido ao leitor mais atento quantas das sentenças para o futuro do romance se parecem com sentenças de morte. "Este século está destinado a confundir tudo! Caminhamos para o caos", já vaticinara Julien Sorel.[78]

E, no entanto, nesse tempo que tanto se quer incensar, nesse apogeu, é impossível negar que algo se moveu. Pode ser que não tenha cabido neste meu relato, precário demais, absurdamente incompleto, talvez atento a vicissitudes irrelevantes, mas, enquanto a linha de frente do gênero se digladiava em torno de seus atributos e fundamentos, outros tantos romancistas escreviam com muita loquacidade e opulência, talvez como nunca antes se escreveu. Para além dos espólios da batalha de ideias, é inegável que esse foi um tempo de grande riqueza, de incrível fecundidade. Um tempo em que vastas obras se produziram por toda parte, em que a produção incessante de romances se espalhou por outros continentes, em que o gênero estabeleceu seu domínio pleno no campo das letras.

Penso em Tolstói neste momento, e com ele encerro minha breve resenha de toda uma época. Penso em Tolstói e no desprezo que ele professava por Shakespeare. Depois de longas eras de apreciação irrestrita ao imenso bardo inglês, surgia enfim alguém atrevido o bastante para romper esse consenso, alguém que não se via inferior a ele, e que também não via inferioridade nenhuma no século em que lhe cabia viver. Goethe era o culpado por essa falsidade perpetuada no tempo, acusou o russo. Goethe e seu desespero, e sua desesperança, e seus parvos asseclas:

principalmente, devido à coincidência de sua concepção de mundo com a de Shakespeare, Goethe aclamou Shakespeare um grande poeta. Quando essa mentira foi decretada pelo prestigioso Goethe, críticos de estética, que nada entendem de arte, caíram em cima dela como corvos sobre carniça e começaram a procurar e a elogiar belezas inexistentes em Shakespeare.[79]

Disposto a contestar essa unanimidade tão suspeita, Tolstói resolveu empreender uma leitura minuciosa das obras em questão, e o que encontrou satisfez os seus anseios: o que encontrou em nada o satisfez. *Rei Lear, Romeu e Julieta, Hamlet, Macbeth,* longas horas dedicou a cada uma dessas peças tidas por supremas, e só o que lhe restou foi a perplexidade provocada pela experiência: "não só não senti prazer como experimentei a repugnância irresistível, o tédio e o receio de estar louco por achar insignificantes e francamente ruins obras consideradas o auge de perfeição por todo o mundo erudito".[80] Em seu juízo, e no juízo que ele supôs em seus contemporâneos, as obras de Shakespeare não atingiriam sequer um efeito mínimo, "não satisfazem nem as exigências primárias da arte, reconhecidas por todos".[81]

Alguém dirá que Tolstói era uma exceção, que sua crítica nunca chegou a se mostrar convincente, e é provável que esse alguém tenha razão. Não deixa de ser significativo, porém, que, depois de um século de narrativas ricas, assoberbadas, potentes, seja agora possível rejeitar um passado que se julgava maior, seja agora aceitável enaltecer o presente. Penso que esse juízo de Tolstói é um indício importante de um câmbio de sensibilidade. O que ele acusa em Shakespeare revela menos sobre a dramaturgia shakespeariana do que sobre as exigências que ele imprimia à narrativa de sua época. Na sensibilidade de Tolstói, Shakespeare soa "artificial", "desleixado", "incoerente"; seus personagens "vivem, pensam, falam e agem de modo completamente impróprio à época e ao espaço determinados"; sua arte carece de um "senso de medida", sua linguagem sofre de "incontinência".[82] O contrário de cada um desses aparentes defeitos era o que se esperava do romance nesse novo tempo.

Verdade é palavra com destaque no glossário de Tolstói, e buscá-la pressupõe tratar de abater todas as ilusões, recusar mistificações, livrar-se da hipnose a que nos vemos submetidos tantas vezes. À arte não caberia o papel de iludir ou encantar, de agradar imitando a beleza, e sim de comunicar entre um sujeito e outro "o pavor do sofrimento ou o fascínio do prazer",[83] expressando na obra esses sentimentos a fim de promover um contágio. Entre criador e receptor surge um mesmo estado de espírito, elimina-se a divisão entre espectador e artista, libertam-se ambos de seu isolamento e de sua solidão, e "o objeto que provocou esse estado é uma obra de arte". "*Quanto mais forte o contágio*", alega Tolstói, "*melhor é a arte como arte.*"[84]

Para o romancista que se queira artista, então, a condição indispensável seria a sinceridade, a força com que ele experimenta aquilo que decide converter em objeto, a "necessidade interior de expressar o sentimento que transmite".[85] Bastaria isso, e a clareza que o autor recomenda, e a singularidade que se tornou cláusula impreterível de toda criação nesses novos tempos, para que o artista sobrepujasse as pretensões vãs e se diferenciasse dos enganadores, possibilitando que sua obra pertencesse à arte, e não às suas falsificações.

Foi pela arte, contra as falsificações, contra todo um universo de falsidades que Tolstói deixou sua própria casa aos 82 anos de idade. Abandonou sua mulher, abandonou seu escritório, abandonou cada uma de suas velhas posses, e iniciou o que devia ser uma viagem rumo à máxima coerência, à máxima autenticidade. Era um autor prenhe de esperanças quando chegou à estação de trem mais próxima, onde passou mal e morreu numa sala qualquer. Difícil saber se não morria, ali com ele, numa sala qualquer daquela estação de trem na velha Rússia, o romance que ele quisera estabelecer, o romance que tantos quiseram escrever antes dele, o romance da verdade, da medida, da contenção, da coerência, da clareza. Talvez não. Talvez não possa morrer o que nunca chegou a existir.

# A queda espetacular

Dos romancistas que tentaram matar o romance, dolosa ou culposamente, poderia nos restar uma lembrança amarga. Estamparíamos seus nomes em cartazes colados aos postes, sob fotos três por quarto que insinuassem seus impulsos psicóticos e denunciassem todo o risco que representam. Procurados: Proust, Kafka, Joyce, Woolf, Gide, Musil, Céline, Svevo, Blixen, Faulkner, Dos Passos, Macedonio, Döblin, Broch, Beckett, Gadda, todo um bando violento de desordeiros das letras. Estranhamente, porém, por mais apegados ao gênero que nos sintamos depois de tão longa maturação, de tão duro processo de estabelecimento, estranhamente a tendência geral é apreciar sem ressalvas esses autores homicidas, admirá-los sem mágoa, sem raiva ou ressentimento. Suas transgressões são espetaculares, concedemos. Tão notáveis são seus crimes que nos esquecemos da dignidade da vítima, ou julgamos igualmente dignos os possíveis algozes.

Sustento a metáfora por mais uma indagação apenas: como pode a iminência da morte dar à vítima tanta vida? Se os autores que comentarei nas próximas páginas se ocuparam de produzir esse ataque na vertigem de suas obras, ou, mais grave ainda, se conduziram o romance à sua afamada crise, rompendo os alicerces que o constituíam até quase provocar sua queda, como ainda podemos considerá-los grandes artífices do gênero, grandes romancistas? Como a aparente derrocada do romance pode ter se tornado, talvez, seu período mais enérgico, mais expressivo?

Dizer que habitamos, ainda uma vez, os domínios da ambivalência, o terreno do paradoxo, talvez seja a resposta mais fácil — e por isso a mais prescindível. Dizer que aqui o paradoxo foi levado ao paroxismo, que o romance nunca esteve tão próximo de cumprir seu ideal possível, de se assemelhar ou se integrar ao real, e nunca esteve tão distante de qualquer realismo, tão próximo apenas de si mesmo. Dizer que, como as demais atividades artísticas nesse tempo convulsivo, o romance integrado às vanguardas se empenhou em devolver a arte à vida, mas assim só aprofundou a ferida entre elas, devolveu a arte à própria arte. Ou dizer, com Antoine Compagnon, que o romance partilha "o destino da modernidade estética, contraditória em si mesma: afirma e nega ao mesmo tempo a arte, decreta simultaneamente sua vida e sua morte, sua grandeza e sua decadência".[1]

Dizer tudo isso talvez seja aceitar com tranquilidade excessiva alguns pressupostos, manter inquestionadas as premissas. O que, afinal, desejavam tais romancistas? O que propuseram em seus artigos, seus comentários estéticos, suas cartas, suas entrevistas? Quanto de suas concepções mais extremas, fundamento ou consequência dos muitos extremismos da época, de fato se refletiu em seus livros? E se o ímpeto era destrutivo, como pôde construir tantos portentos? E se o tempo era de ruído, por que haveria de conduzir ao silêncio?

O TEMPO

Alguém poderá acusar que Proust não cabe aqui, que este não é o seu lugar, e esse alguém conta com alguns argumentos decisivos. Proust escreveu o que é sem dúvida um dos maiores romances de todos os tempos, mais de 3 mil páginas redigidas com esmero, devassando, fase a fase, a existência de um indivíduo. E foi além: produziu seu romance em múltiplos volumes com uma fartura de personagens completos, igualmente entrevistos pelo narrador em cada etapa de suas vidas, examinados com minúcia em sua evolução contínua, em seu fatal envelhecimento. Redigiu sua obra com singular fluidez, com imensa riqueza estilística, numa linguagem feita de frases sinuosas que nunca terminam de agregar nuances ao que se descreve, uma linguagem complexa que, no entanto, nunca chega a se obscurecer. Proust pode ter sido o maior ouvinte e maior intérprete do século que o precedeu. É Benjamin quem o diz: o jovem Proust foi "quem ouviu, de passagem, do século envelhecido, como de um outro Swann, quase agonizante, as mais extraordinárias confidências".[2]

Para compreender por que ele também se insere aqui, na crise do século xx, é preciso falar da melancolia, a melancolia que o acometeu por muitas décadas, a melancolia que se apossara de tantos romancistas que o antecederam, a expressão do desalento, da insuficiência artística — a melancolia que talvez ninguém tenha sabido expressar tão bem quanto ele. Proust quase não escreveu até finalmente escrever. Passou muito mais que a metade de sua vida sem produzir nada que o satisfizesse, devotado de quando em quando a tentativas frustradas, sempre abortadas a meio caminho. É ele quem nos conta, ainda que literariamente, sobre sua pouca disposição para as letras, "como se a literatura não revelasse nenhuma verdade profunda".[3] É ele quem alardeia ter renunciado alguma vez ao projeto de escrever, pois a literatura e o mundo já não pareciam ter nada a lhe dizer, já não lhe tocavam o sentimento:

> [...] a convicção da ausência em mim de dons literários, descoberta outrora [...] e que [...] eu mais ou menos identificara com a vaidade, a mentira da literatura, essa convicção menos dolorosa talvez, porém mais melancólica quando a atribuía, não à minha própria e peculiar deficiência, mas à inexistência do ideal em que acreditara, essa convicção, que havia muito não me acudia ao espírito, assaltou-me novamente e com força mais acabrunhadora do que nunca. Foi, bem me lembro, numa parada do trem em pleno campo. [...] "Árvores", pensei, "não tendes mais nada a dizer-me, meu frígido coração já não vos ouve. Estou no seio da natureza, e todavia é com indiferença, com tédio que meus olhos contemplam a linha que vos separa a fronde luminosa do tronco sombrio. Se alguma vez me imaginei poeta, agora sei que não o sou. [...]" [...] Se possuísse realmente alma de artista, que prazer não experimentaria diante dessa cortina vegetal, batida pelo sol poente, diante das humildes flores do talude, a se alçarem até quase o estribo do vagão, cujas pétalas poderia contar, e das quais nem ousaria descrever as cores, como faria um escritor autêntico, pois como tentar transmitir ao leitor um prazer não sentido?[4]

Difícil saber se Proust aprendeu com Tolstói o valor do autêntico, a sinceridade como atributo imprescindível ao artista. Seja como for, o caso é que não se via capaz de atingi-la, sentia estar perpetuamente condenado ao aquém. A impossibilidade de ser um artista sincero é sua aflição maior enquanto ainda não o conhecemos, enquanto ele não se põe a escrever seu grande livro. Proust perdeu muito tempo, e é com esse sentimento que o vemos partir *em busca do tempo perdido*. Se podemos acreditar em sua ficção como retrato fiel de sua vida — mas não podemos —, a existência desprovida da memória, desprovida do passado, era uma existência desprovida da poesia, de qualquer mínima disposição criativa ou fabular. "Estava provado que nada faria, que a literatura não me daria mais a menor alegria, não sei se por culpa minha, de minha incapacidade, ou sua."[5]

"Mas é muitas vezes quando tudo nos parece perdido que sobrevém o aviso graças ao qual nos conseguimos salvar",[6] o narrador comenta, e sabemos então que se avizinha uma grande epifania, o momento fulcral que fez dele o autor que agora lemos. Tornou-se célebre sua madeleine, o bolinho que ele prova após mergulhá-lo no chá, um gesto e um sabor que o devolvem ao passado remoto, à infância em Combray. Aqui, no último volume de sua série, é outro o acontecimento que provoca esse corte brusco, que lhe permite falar enfim do *tempo redescoberto*. Ele está no pátio do palácio de Guermantes, chegando à recepção da princesa, quando um leve desnível nas pedras sob seus pés o remete de súbito a outro lugar, a outro tempo, à igreja que visitou anos antes em Veneza. Dessa vez o destino da viagem lhe interessa pouco; o que lhe sobrevém é um raciocínio vertiginoso que ocupará dezenas de páginas do romance que ele logo virá a escrever, raciocínio que se tornará o cerne da interpretação de sua obra nas décadas seguintes.

> [...] o ruído da colher no prato, a desigualdade das pedras, o sabor da madeleine fazendo o passado permear o presente a ponto de me tornar hesitante, sem saber em qual dos dois me encontrava; na verdade, o ser que em mim então gozava dessa impressão e lhe desfrutava o conteúdo extratemporal, repartido entre o dia antigo e o atual, era um ser que só surgia quando, por uma dessas identificações entre o passado e o presente, se conseguia situar no único meio onde poderia viver, gozar a essência das coisas, isto é, fora do tempo. Assim se explicava que, ao reconhecer eu o gosto da peque-

na madeleine, houvessem cessado minhas inquietações acerca da morte, pois o ser que me habitara naquele instante era extratemporal, por conseguinte alheio às vicissitudes do futuro.[7]

Do tempo do tédio, do torpor, da indiferença, da certeza de sua própria mediocridade e da iminência de uma morte ignóbil, sem nenhuma realização, toda a vida uma vã promessa, passa o narrador num átimo ao tempo da revelação, da essência das coisas, e do consequente apaziguamento íntimo. É o passado desfalecido que ressuscita no presente, verdadeiro como nunca chegou a ser, e agora o sujeito se deixa dominar por um êxtase, pela "alegria do real recapturado". Fora do tempo, a morte não assusta tanto, futuro, passado e presente se fazem um todo intrincado, talvez enganoso, cuja maravilha o liberta. Blanchot soube dar novas palavras à sequência: "Proust mistura, numa mescla ora intencional, ora onírica, todas as possibilidades, todas as contradições, todas as maneiras pelas quais o tempo se torna tempo".[8]

"Graças a esse subterfúgio", o narrador continua, "me fora dado obter, isolar, imobilizar o que nunca antes apreendera: um pouco de tempo em estado puro."[9] Não é difícil ampliar essas definições e pensar que esse seria um dos papéis da arte e da literatura — ao menos se sucumbimos à lógica impecável de Proust. Na recaptura do real que se dá pela linguagem, na vivência extratemporal possibilitada pela contemplação ou pela leitura de uma obra, na apreensão do tempo em estado puro que o romance, entre outras artes, propicia, escapamos por um instante da nossa mortalidade, dissipamos o medo opressivo do fim. "Um minuto livre da ordem do tempo recriou em nós, para o podermos sentir, o homem livre da ordem do tempo."[10]

O homem livre da ordem do tempo liberta-se também da melancolia do indizível. Se a narração objetiva lhe resulta impossível, se a suposta objetividade de outro século já não está ao alcance de seus dedos, é na imersão em sua própria experiência que ele encontra seu destino. O romance se faz, então, mais subjetivo do que nunca: "fazer sair da penumbra o que sentira, convertê-lo em seu equivalente espiritual. Ora, esse meio que se me afigurava o único, que era senão a feitura de uma obra de arte?".[11] A invenção, a construção de um personagem verossímil, seu batismo com um nome comum, reconhecível por todos, a concepção imaginosa de uma sequência de episódios para aquela nova vida, tudo o que marcara o romance por um longo período se põe em xeque nessa expansão do sujeito em direção a si mesmo: "para escrever esse livro essencial, o único verdadeiro, um grande escritor não precisa, no sentido corrente da palavra, inventá-lo, pois já existe em cada um de nós, e sim traduzi-lo. O dever e a tarefa do escritor são os do tradutor".[12]

Tendo fracassado em todas as suas tentativas de incursão em certo realismo, descoberto nesse exercício suas falsidades, e capitulado diante da infinidade de convenções necessárias à representação convincente de uma vida, Proust se torna um de seus mais ferrenhos críticos. Ele insere, no próprio romance, sua diatribe contra a "arte tida como realista", que tanto insistimos em confundir com a realidade mesma:

> Assim sendo, a literatura que se cifra a "descrever as coisas", a fixar-lhes secamente as linhas e superfícies, é, apesar de denominar-se realista, a mais afastada da realidade, a que mais nos empobrece e entristece, pois corta bruscamente toda comunicação de nosso eu presente com o passado, do qual as coisas guardavam a essência, e com o futuro, onde elas nos incitam a de novo gozá-lo. É isso que deve exprimir a arte digna de tal nome, e, não o conseguindo, dá-nos ainda, com sua impotência, uma lição (ao passo que nenhuma se aproveita das realizações do realismo), a saber, que essa essência é em parte subjetiva e incomunicável.[13]

Se o início dessa declaração faz ressoar o discurso de uma miríade de escritores de épocas pretéritas, evocando em grande medida a tradição já consolidada do antirrealismo — tão comum, sabemos, quanto o próprio realismo —, a maneira como a declaração se segue é bastante representativa dos tempos por vir. A arte se torna arte ao abdicar de sua eficácia, ao assumir sua falência, ao se permitir fracassar. É sob o signo da impotência que o século xx se insurge, nem que seja para se fazer vitorioso na derrota irremissível. Ante a crise do narrar que já se anuncia, a resposta possível é a de um arraigamento crítico: o que há de mais incomunicável na experiência humana é o novo campo a ser devassado pelos livros, e esse movimento se fará a partir de uma nova percepção da consciência e do sujeito.

"Nem uma só hora de minha vida deixou de servir para ensinar-me, como já disse, que apenas a percepção grosseira e errônea enfeixa tudo no objeto quando, ao contrário, tudo reside no espírito." Essa afirmação de Proust marca uma das viradas fundamentais que se deram nesse momento, ou que já se prenunciavam fazia algum tempo: o abandono da autoridade do narrador sobre os objetos do mundo, a passagem indiscreta à intimidade do sujeito, à sua memória infinita, aos meandros desconhecidos de sua mente. Toda uma horda de romancistas se debruçará agora sobre essa matéria, bem mais impalpável, etérea, inapreensível. Proust, que morre antes de publicar todos esses pensamentos, seria de qualquer forma indiferente à companhia: "A verdadeira arte prescinde de manifestos e se realiza em silêncio".[14]

O que resulta desse conjunto inovador de convicções é algo difícil de definir. Nenhum dos argumentos sobre a simples grandeza do romance proustiano se pode rebater com competência, mas é inegável a peculiaridade de seu projeto, seu caráter bastante excêntrico. Ainda nos encontramos no âmbito do romance, mesmo nos critérios mais estritos, ainda nos deixamos levar pela trama que se desenvolve de forma paulatina, vivenciamos os conflitos de tantos personagens como vivenciávamos, com apreensão e envolvimento, os de tantos personagens de outra época, mas há algo de diferente naquela voz tão identificada com a do homem que escreve, nesse desvio sutil parece que algo se altera. Estamos entregues a uma narração convencional em muitos aspectos, embora rara por seu estilo caudal, mas de súbito nos vemos imersos numa longa reflexão sobre literatura e arte e devemos aceitar que isso seja parte da obra como outra qualquer, mais uma passagem a nos revelar a interioridade do sujeito.

"Já se disse, com razão, que todas as grandes obras literárias ou inauguram um gênero ou o ultrapassam, isto é, constituem casos excepcionais. Mas esta é uma das menos classificáveis", comentou Benjamin sobre a obra de Proust, singularizando-a inclusive entre as singulares. "A começar pela estrutura, que conjuga a poesia, a memorialística e o comentário, até a sintaxe, com suas frases torrenciais (um Nilo da linguagem, que transborda nas planícies da verdade, para fertilizá-las), tudo aqui excede a norma."[15] Proust excede até a sua própria norma: em sua tentativa radical de autoimersão, em seu mergulho profundo numa personalidade múltiplas vezes cindida no tempo, antecipa a implosão do próprio sujeito que se dará de maneira explícita muito depois. É Blanchot quem nos conduz a esse pensamento: "Mas o que ele reconstituiu? O que salvou? O passado imaginário de um ser já todo imaginário e separado dele mesmo por toda uma série vacilante e fugidia de 'eus', que pouco a pouco o despojaram de si".[16]

Falar de Proust, portanto, parece exigir o uso constante da oração adversativa. A cada novo juízo e a cada nova sentença vemos sua obra oscilar entre a grandiosidade do romance e a sua fratura, como antes vimos o próprio autor a oscilar entre a impossibilidade de narrar e a narrativa mais opulenta. Talvez o que se verifique aqui seja a passagem da impotência da escrita à escrita da impotência — mas não posso deixar de sentir que há algo de prematuro nessa formulação terminante.

Entre tantas hesitações e grandiloquências, o que se pode concluir? A obra de Proust pertence, afinal, à crise do romance ou ao seu apogeu? Se não posso responder a essa questão satisfatoriamente, talvez não seja Proust o problema, talvez o problema esteja na questão. Mal começo a falar da crise e já percebo tal noção a esvaecer: é possível, como seria de se prever, que apogeu e crise não se distingam tanto assim, que a crise venha a ser uma forma extrema do apogeu.

A CONSCIÊNCIA

Era 1922 quando Joyce e Proust se encontraram, quase ao acaso, num jantar em Paris. Sentaram-se lado a lado, e certa expectativa se criou entre os demais convidados, seus ouvidos atentos às verdades profundas que poderiam resultar dessa conversa. Proust era já uma figura solene, trabalhava sem descanso no último volume de sua obra imensa, viria a morrer em poucos meses. Joyce acabava de publicar seu próprio monumento, *Ulisses*, o romance comentado com assombro em tantos jantares semelhantes a esse. Um perguntou ao outro se gostava de trufas, o outro anuiu. Um perguntou ao outro se conhecia o duque tal, o outro negou, lamentando para si a frivolidade do primeiro. Joyce reclamou: "Tenho dores de cabeça diariamente. Meus olhos são péssimos". Foi talvez a única consonância sincera, pois Proust emendou: "Meu pobre estômago. O que vou fazer? Ele está me matando. Na verdade, preciso ir embora imediatamente".[17]

Foi assim, segundo relatam os presentes, a conversa entre o grande intérprete do século envelhecido, da aristocracia sempre decadente, e aquele estranho irlandês de origem austera que, ao menos no juízo de T.S. Eliot, acabara de matar o século xix. A julgar pelo que disseram ambos outras vezes, o encontro podia ter sido mais lúgubre ainda: não estariam em questão suas dores particulares, a espreita de uma morte pessoal, e sim uma dor maior, uma morte mais abrangente, a falência de algo mais importante do que seus corpos, o fenecimento de algo maior do que eles mesmos. Como Proust, ou de maneira ainda mais extrema, Joyce sentia estar testemunhando a derrocada de uma era, das convenções formais nas quais a ficção patinhava havia muito tempo, dos grilhões antiquados com que tanto queriam prendê-lo. Inserira em *Ulisses* sua metáfora para a arte irlandesa, aplicável quiçá a qualquer arte nesse momento: era "o espelho rachado de uma criada" — o espelho rachado, incapaz de refletir o mundo sem uma cisão, sem uma fratura indiscreta. Em *Ulisses* também pusera seu alter ego, Stephen Dedalus, a expressar sua visão impiedosa da história: "um pesadelo do qual estou tentando despertar".[18]

Desde muito cedo, desde seus primeiros ensaios juvenis, Joyce acusava viver num mundo velho, carregado de noções prontas e falsas que alguém deveria refutar. Desde muito cedo, ainda aprendiz de dramaturgo, se indagava se não haveria outra forma de levar a vida à arte, se esse mundo não poderia rejuvenescer por algum engenho das letras, e intuía — como séculos antes haviam intuído também os primeiros romancistas — que a resposta passava pela representação da experiência do sujeito vulgar:

> Devemos colocar a vida — a vida real — no palco? Não, diz o coro dos filisteus, porque não vai funcionar. Que mistura de visão torta e comercialismo presunçoso. [...] É verdade que a vida hoje é quase sempre uma triste chateação. Não são poucos os que sentem, como aquele francês, que nasceram tarde demais num mundo velho demais, e sua pálida esperança e seu heroísmo exangue não cessam de conduzi-los tristemente a um último nada, a uma vasta

futilidade, carregando, sem outro remédio, o pesado fardo. [...] No entanto, penso que ainda se pode extrair da melancólica monotonia da existência um pouco de vida dramática. O homem mais vulgar, o mais morto entre os vivos, pode ter um papel num grande drama. É uma tolice perversa ansiar pelos velhos bons tempos, saciar-nos das pedras frias que eles nos oferecem. Devemos aceitar a vida tal como se apresenta diante de nossos olhos, e os homens e as mulheres tal como os encontramos no mundo real, e não como os imaginamos no reino das fadas. A grande comédia humana de que participamos oferece um terreno ilimitado para o verdadeiro artista, tanto hoje quanto ontem e na antiguidade.[19]

Talvez não seja de todo surpreendente, então, a pouca transcendência de seu diálogo com Proust. Poderiam ter falado sobre os impasses do romance, sim, poderiam ter comentado as adversidades da representação nesse tempo em que ela parece perder seu sentido ou seu valor, mas não lhe era nada indesejado falar de problemas mesquinhos, da materialidade do comum, dos dramas comezinhos de um homem qualquer — mesmo que esse homem fosse ele próprio ou o seu interlocutor. "Converter o pão da vida cotidiana em algo que tenha uma vida artística permanente"[20] — isso lhe interessava, segundo disse pouco mais tarde a seu irmão. Conhecer a existência mais vulgar, retratar os homens e as mulheres tal como os encontramos no mundo real. Era disso, afinal, que sentia mais falta, era a ausência disso que ressentia nos romances da época, em quase toda a produção literária da virada do século, sua desatenção às questões mais imediatas e relevantes da experiência humana, sua incapacidade de arcar com as complexidades da realidade, do corpo, da mente:

> [...] a vida é um problema complicado. Sem dúvida é lisonjeiro e agradável que ela se apresente de forma descomplicada, como os

classicistas fingem fazer, mas essa é uma abordagem intelectual que já não satisfaz a mente moderna, que está interessada acima de tudo em sutilezas, equívocos e nas complexidades subterrâneas que dominam o homem médio e compõem a sua vida. Eu diria que a diferença entre a literatura clássica e a literatura moderna é a diferença entre o objetivo e o subjetivo: a literatura clássica representa a luz do dia da personalidade humana, enquanto a literatura moderna se preocupa com o crepúsculo, a mente passiva em vez da mente ativa.[21]

São ácidas essas declarações, pressupõem uma falha primordial em quase toda narrativa que se possa chamar de clássica, denunciam por toda parte uma insatisfação, mas não deixam de soar também bastante auspiciosas, quase eufóricas — prenhes de esperança para o presente, para todo escritor que se queira moderno, que se mostre avesso às prévias convenções. Parece evidente, nas palavras de Joyce, que um regime caduco se fazia decrépito para que algo melhor pudesse nascer. Estranho humor num tempo que se supunha de crise: a noção de que algo tão importante estaria por surgir, ou já teria surgido — a percepção de que o velho realismo estava sendo substituído por um novo regime, cheio de frescor. Difícil conciliar o discurso da crise com tamanho otimismo; difícil estimar como arauto do apocalipse quem talvez se visse como o próprio messias de um renascimento estético:

> Eu abri o novo caminho […]. Na verdade, a partir dele você pode datar uma nova orientação na literatura — o novo realismo; […] uma nova forma de pensar e escrever teve início, e aqueles que não se adaptarem serão deixados para trás. Antes os escritores se interessavam por elementos externos […] pensavam apenas num único plano, mas o tema moderno são as forças subterrâneas, as marés ocultas que governam tudo e fazem a humanidade correr contra a corrente aparente.[22]

Aqui, mais uma vez, os tempos do romance parecem se embaralhar, se contorcer, se fundir. Se já acompanhamos a indefinição entre a ascensão do romance e seu apogeu, se temos explorado também as ambivalências entre o apogeu e a crise, aqui se verifica uma confluência mais abrangente ainda: um autor que facilmente poderia participar do apogeu, mas que nos sentimos tentados a associar à crise, adota em vez disso, para nossa surpresa, os termos de uma reascensão — acreditando ter aberto o "novo caminho", ter criado o "novo realismo".

Mas esses constantes desalinhos em relação a uma história apriorística, temo, talvez não interessem tanto assim. Mais importante é compreender o que o autor quer exprimir com os termos que estabelece, com suas novas metáforas e suas asserções onipotentes, com sua noção sobranceira do papel que tem a cumprir. Mais importante é compreender em que consiste, afinal, o novo caminho que Joyce almeja abrir. Nesse ponto a proposta é quase cristalina: o domínio que agora lhe cabe invadir, o novo campo a ser devassado pelo uso radical das palavras e da língua, é a consciência. Um médico austríaco da mesma época poderia secundá-lo no argumento: é nela, na mente humana, que vivem as tais forças subterrâneas que tudo governam, as marés ocultas que regem cada um dos nossos movimentos. Nela, na consciência, é que se deslindam as sutilezas, os equívocos e as complexidades que dominam o homem médio, a mulher média, quem quer que seja que se deseje apreender. Alcançar nos recônditos da mente aquilo que a literatura nunca soube descobrir, eis o seu módico desígnio: "Tento dar os pensamentos inauditos e irrepresentados das pessoas da exata maneira como eles ocorrem".[23]

Havia sido na leitura de um francês pouco conhecido, um tal Édouard Dujardin, que Joyce descobrira, vinte anos antes de publicar seu *Ulisses*, a potência expressiva da emulação do pensamento. Nas páginas correntes daquela novela modesta, *Os lourei-*

*ros estão cortados*, feita de um único solilóquio sem nenhuma interferência, Joyce acompanhara com espanto uma mescla estranha entre narrativa do cotidiano e exaltação poética, uma evocação da vida "debaixo do caos das experiências".[24] Era uma inspiração ainda incerta, talhada de pequenos defeitos, mero ponto de partida do que ele próprio poderia desenvolver. Era, no entanto, o primeiro monólogo interior de que se tem notícia, a primeira imersão literária na obscuridade da psique, a primeira tentativa de ordenar em palavras sucessivas a desordem reinante na mente de um sujeito.

Joyce, então, não inventou o monólogo interior, como muitos ainda alegam. O que fez foi ampliá-lo como método narrativo, tornando-o sistemático e extensivo, explorando de múltiplas maneiras a mente de seus protagonistas, atribuindo a cada um deles um jeito próprio de pensar, um ritmo próprio, uma cadência. Ao longo do *Ulisses*, oscilamos entre a consciência de Leopold Bloom, feita de lances curtos, associações rápidas, de considerável argúcia e riqueza expressiva, e a consciência de Stephen Dedalus, mais erudita e dilatada, ciosa de si mesma, mais carregada de confiança e soberba. Ao fim do livro nos deparamos com a consciência de Molly Bloom, um notável jorro de palavras sem nenhuma pontuação, com lassidão de pronomes, sem divisão de parágrafos, quase uma centena de páginas numa só torrente, pragmáticas e lascivas a um só tempo, mais diretas e amorais do que em qualquer outro momento — principais responsáveis pela censura duradoura que o livro veio a sofrer.

Joyce parece ser o primeiro a entender que a expressão dos movimentos tão plurais da mente humana não pode se dar de maneira regular e unívoca, não pode se converter em dogma, em procedimento a ser repetido. Realiza, assim, um gesto semelhante ao de muitos artistas da mesma época, rompe com o regime da perspectiva única, dá à literatura uma feição quase cubista — com perdão do exagero. Não se limita a devassar a interioridade dos protagonistas: com seu uso libertário do monólogo interior, com sua explosão do fluxo de consciência, ele constrói uma obra de perspectiva irrequieta, de foco mutável, a saltar de personagem em personagem, de mente em mente, liberando o narrador da imobilidade que até então predominava amplamente. Chega a dotá-lo de tal maleabilidade e independência que sua obra parece se construir por meio de um jogo complexo de paralaxes, em que cada capítulo, cada página, cada parágrafo até, responde a um novo ponto de irradiação e divergência.

Porque lhe convinha, e porque convinha à literatura naquele momento, Joyce enganava a si mesmo. É claro que aquele conjunto de procedimentos estéticos não correspondia com exatidão ao funcionamento da mente humana. É claro que se trata da elaboração de uma nova convenção, arbitrária como as anteriores, um novo pacto para a representação da interioridade em romances que se quisessem mais profundos, incisivos, verdadeiros. Em resposta às inevitáveis ressalvas, Joyce contradizia seus próprios juramentos por um novo realismo e confessava a dimensão de estilização que havia em seu procedimento, entregando-o sem tanto apego ao furor dos críticos: "Do meu ponto de vista, dificilmente importa se a técnica é veraz ou não; serviu para mim como ponte sobre a qual marchar com meus dezoito episódios, e, uma vez que fiz atravessar as minhas tropas, as forças oponentes podem, no que me diz respeito, explodir a ponte".[25]

Ele mesmo, de qualquer forma, já cuidara de plantar os explosivos contra o realismo que defendera outras vezes. Em *Ulisses*, a contraface da exploração complexa da consciência é a exploração complexa do estilo: assim como salta entre uma mente e outra, o narrador salta entre um estilo e outro infinitamente, reproduzindo de maneira irônica uma série de regimes estéticos. Tão pervasiva quanto a técnica do monólogo interior é a técnica do pastiche, a paródia de outras linguagens, com recriações do romantismo, do policialesco, do jornalismo, de discursos políticos, de diversos jargões técnicos. Menos célebre que o monólogo de Molly Bloom, mas igualmente radical, é "Gado do Sol", um capítulo que refaz a trajetória da língua inglesa em suas formas escritas, uma sucessão atordoante de estilos de época que se conjugam para descrever um embrião em crescimento e o parto de uma criança no hospital de Dublin.

Não foram poucos os que enxergaram nesse outro aspecto, menos imediato e compreensível, o traço mais marcante do livro. A literatura se convertia, sem sobreaviso, num comentário performático sobre a própria literatura. Erigido numa espécie de jogo linguístico, permitindo que o autor ostentasse ali todo seu domínio técnico, o romance parecia abdicar de qualquer intenção realista e escancarar sua dimensão de artifício. Esse seria, para Anthony Burgess, "o mais fulgurante aspecto do *Ulisses*"; "escrever um romance moderno não apenas para rivalizar com as obras clássicas, mas também para contê-las".[26] E ressaltava-se nesse quesito a ambivalência de Joyce em relação aos seus ancestrais: eram, a um só tempo, os rivais a serem destruídos e seus modelos. O intrincado nexo entre *Ulisses* e a *Odisseia*, que se explicita no título e na estrutura, e se realiza numa infinidade de remissões e vínculos, atesta com eloquência essa dualidade de Joyce em relação aos autores que o precederam.

O que desejava Joyce, então, com seu *Ulisses*? Esse dia narrado com infinita minúcia, esse que se fez o dia mais longo da história da literatura, o dia que parece guardar em seu presente prismático toda a eternidade, esse dia não será a possibilidade da representação levada ao seu momento máximo? Não será uma tentativa das mais hábeis de retratar o mundo em sua completude e devolvê-lo à humanidade? Mas, nesse caso, como interpretar a dimensão metaficcional que a obra assume para a surpresa de todos, seu caráter de comentário estético, seu diálogo tão direto com a história das formas literárias? Não será, nesse sentido, o contrário do que acabo de dizer: um golpe impactante contra a representação, uma denúncia contundente da quimera do romance, de que romancista algum jamais poderá se esquivar? Esse mundo próprio, tão assemelhado ao real, não terá o propósito inconfessável de usurpar os atributos do mundo e com ele rivalizar?

Uma outra vitória como essa e estaremos arruinados — Stephen cita no final do *Ulisses* a célebre frase sobre a vitória de Pirro, sem nenhuma distensão possível, prenunciando talvez o que estaria por vir. Nem bem chegamos a qualquer decisão sobre a natureza e o valor desse livro, nem bem começamos a vasculhar os espólios de tamanha convulsão formal, e seu autor já partiu em novo caminho, radicalizando ainda mais sua investida. Se a narrativa do *Ulisses* desafiava mesmo os leitores mais devotos, se era preciso se acostumar à linguagem presumível da consciência, quanto não se agrava o problema quando Joyce cumpre enfim a velha promessa e se põe a figurar a linguagem da noite. Em *Finnegans Wake*, com sua liberdade lexical e sintática, sua mescla de idiomas, seu uso desmedido da palavra-valise, a consciência alerta dá lugar ao sonho — "onde as formas se prolongam e se multiplicam, onde as visões passam do trivial ao apocalíptico". É por meio desse desvio que Joyce desfere seu último golpe contra as velhas convenções realistas:

> Botei a linguagem para dormir. [...] Escrevendo sobre a noite eu realmente não pude, senti que não podia, usar palavras em suas ligações habituais. Usadas dessa maneira elas não expressam como são as coisas à noite, nos diferentes estágios — consciente, depois semiconsciente, depois inconsciente. Achei que isso não podia ser feito com palavras em suas relações e conexões comuns. Quando a ma-

nhã chegar naturalmente tudo ficará claro outra vez. [...] Eu lhes devolverei a língua inglesa, não a estou destruindo em definitivo.[27]

Joyce movia de novo a fronteira: tendo invadido e explorado a consciência, o inconsciente era agora seu novo limite. Vorazes foram as críticas, a incompreensão superou o apreço, e o autor se viu repetidas vezes a explicar seu próprio ímpeto. A quem acusasse a opacidade absoluta da obra em progresso, ele não receava em fazer uma recomendação pouco usual: que lesse tudo em voz alta, para que sentisse quanto era agradável ao ouvido. E assim, em movimento inusitado, o romance parecia esquecer de vez a linguagem referencial e silenciosa que o marcara desde os primórdios, retornando a um período ainda mais longínquo, às narrativas poéticas, recitativas. Aos que perguntassem quem, afinal, eram os personagens daquele livro interminável e ininteligível, aquele romance que consumira dezesseis anos de sua vida, Joyce não hesitava em responder que os protagonistas de *Finnegans Wake* eram o tempo, a montanha, o rio — transgredindo assim, em mais um gesto imprevisto, a noção até então imperante de indivíduo.

Foi o maior fracasso da história da literatura, sentenciou Nabokov: "nada além de uma massa anódina e disforme de folclore falso, um pudim frio, um ronco insistente no quarto ao lado".[28] Incitados a seguirem as diretrizes de Joyce para não serem "deixados para trás", não foram poucos os romancistas que questionaram os novos rumos, rejeitando as controversas conquistas. Döblin, apreciador do *Ulisses*, propôs uma interpretação que talvez servisse como saída: "Não somos obrigados a fazer como Joyce. Seu caminho só tem um trilho. Trata-se de uma obra experimental, nem romance nem obra poética, mas uma maneira de examinar seus elementos fundamentais".[29] O ronco, entretanto, continua a ressoar no quarto ao lado, incomodando muitos romancistas que prefeririam se entregar sem mais obstáculos a sua prática corriqueira, a seu secular ofício.

Foi entre espasmos de maravilhamento e longos lapsos de tédio que Virginia Woolf leu as quase mil páginas do *Ulisses*. Em seus piores momentos, sentia estar lendo um livro inculto e vulgar, "o livro de um operário autodidata", "egotista, insistente, cru, veemente e, em última instância, nauseante".[30] O maravilhamento, o sentimento fugidio de descoberta, num primeiro instante ela se furtou a descrever, deixando que a habitasse por algum tempo, que se tornasse um dos principais exemplos da modernidade que ela logo defenderia em seus ensaios, e que se refletisse, anos mais tarde, de maneira comedida e sábia, em suas próprias páginas ficcionais.

Incomodava-a, além da pretensão, da extravagância, da desmesura, também algo da indecência daquela obra, mas não pelas ressalvas morais que se levantavam por toda parte. "A indecência de Joyce no *Ulisses* me parece a indecência consciente e calculada de um homem desesperado que sente que, para respirar, tem que quebrar as janelas. Por vezes, quando a janela se quebra, ele é magnífico. Mas que desperdício de energia!"[31] Woolf também sentia essa ânsia por algum ar, mas tanto esforço assim ela não se permitia malgastar. Coincidia em pensar que um novo fôlego surgiria da repactuação da literatura em seus limites e possibilidades, mas não tinha nenhuma intenção de destruir tudo, de explodir as janelas da ficção e escapar para algum espaço improvável. Queria, em vez disso, ponderar os diversos pontos em que a locomotiva do romance se mostrava falha, incapaz de sair do lugar. À ambição de completude de Joyce, à sua histriônica monumentalidade, Woolf preferia contrapor uma procura cuidadosa do essencial.

A mesma ambivalência que sentia em relação a alguns de seus contemporâneos, uma oscilação permanente entre gratidões e hostilidades, Woolf dedicava aos autores do passado, aos membros de um cânone inconstante. Admirava os grandes feitos de Fielding e Jane Austen, embora se permitisse indagar se aqueles não seriam tempos mais fáceis, invejando a suposta simplicidade com a qual eles ainda podiam operar. Prezava sobretudo a intervenção de alguns autores russos, a "inconclusividade da mente russa", "a sensação de que não há resposta, de que examinada honestamente a vida apresenta pergunta após pergunta".[32] Estimava, por fim, a contribuição particular de Dostoiévski e de Proust, em suas inovadoras explorações psicológicas, suas incursões sobre aquele "estranho conglomerado de coisas incongruentes" em que se convertera a mente moderna.[33] Não podia deixar de lamentar, porém, que o romance tivesse se tornado, em paralelo a essas boas influências, uma série de corpos sem alma, uma indústria que insistia em vender o desimportante como se fosse verdadeiro e duradouro.

Woolf não fazia, então, uma crítica terminante e absoluta à tradição literária. Preferia voltar sua virulência contra uma geração recente, salvando alguns dos bons romancistas de outro tempo, arremetendo contra os autores medianos que herdavam suas ideias e as malversavam em produções empobrecidas e massificadas. Talvez isso fosse a crise, ela poderia argumentar, esse depauperamento da narrativa, essa apatia das formas — e não as tentativas ousadas de fugir a uma estética tão questionável, e não as manifestações renovadoras de uma possível modernidade. Em numerosos romances da época, Woolf sentia que algo da vida se perdia, se extraviava em práticas dogmáticas, se deixava tiranizar por uma força sem rosto, sem nome, a ditar normas sobre o dever ser da literatura e as vontades dos leitores. Contra isso ela se insurgiu no marcante ensaio "Ficção moderna" — antes mesmo de permitir que tal rebelião se apoderasse de sua própria literatura e a fizesse agir de forma direta contra as noções que deplorava:

[...] neste momento, a forma de ficção em voga mais perde do que guarda aquilo que procuramos. Quer o chamemos de vida ou de espírito, de verdade ou realidade, isso, a coisa essencial, ficou para trás, ou seguiu em frente, e se recusa a usar as roupas mal ajustadas que lhe oferecemos. Contudo, nós continuamos, perseverantes, conscienciosos, a construir nossos capítulos num modelo que cada vez se parece menos com a visão das nossas mentes. [...] O escritor parece constrito, não por seu livre-arbítrio, mas por algum tirano potente e inescrupuloso que o mantém cativo, obrigando-o a fornecer uma trama, a fornecer comédia, tragédia, intriga amorosa, e um ar de probabilidade a embalar o conjunto tão impecavelmente que, se todas as suas figuras ganhassem vida, se veriam vestidas até o último botão dos casacos de acordo com a última moda. O tirano é obedecido, e o romance é feito com perfeição. Mas às vezes, e cada vez mais com o passar do tempo, intuímos uma dúvida momentânea, um espasmo de rebelião, ao ver as páginas se preencherem da maneira costumeira. Será assim a vida? Precisam ser assim os romances?[34]

Nenhuma vida se deixaria capturar por essa forma administrada, e cada vez menos a existência parecia se assemelhar a esse seu simulacro tão comportado. No mundo que a circundava, tal como o enxergava Virginia Woolf, todas as relações haviam se transformado, a experiência se deixava transmutar por uma aceleração irrefreável que se dava em múltiplos campos — das trivialidades de um dia qualquer na vida de um sujeito aos grandes conflitos mundiais, passando pela totalidade do conhecimento que se podia dispor sobre a natureza e a humanidade. Quanto não destoavam desse mundo em precipitação as descrições lentas e minuciosas, cheias de informações e referências dispensáveis, tão comuns nos romances da virada do século? Uma única linha de introspecção seria muito mais eficaz para captar a infinidade de ideias que, num só dia, fervilham em nosso cérebro, "milhares de emoções que se encontram, colidem e desaparecem em desordem impressionante".³⁵ É no interior da mente, no interior da consciência, que a vida pode se mostrar com maior pureza, a vida em sua riqueza, em sua multiplicidade:

> Olhe para dentro e a vida, parece, está muito distante de ser "assim". Examine por um momento uma mente comum num dia comum. A mente recebe uma miríade de impressões — triviais, fantásticas, evanescentes, ou cunhadas com a agudeza do aço. [...] se um escritor fosse um homem livre e não um escravo, se pudesse escrever o que escolhesse, não o que devesse, se pudesse basear sua obra em seu próprio sentimento e não na convenção, não haveria trama, nem comédia, nem tragédia, nem intriga amorosa nem catástrofe no estilo aceito, e talvez sequer um único botão como o costurariam os alfaiates de Bond Street. A vida não é uma série de lâmpadas ordenadas simetricamente numa peça; a vida é um halo luminoso, um envelope semitransparente que nos envolve do início da consciência até o fim. Não será tarefa do romancista transmitir esse espírito oscilante, desconhecido e intangível, por mais aberrante e complexo que se mostre, com a mínima dose possível do que é alheio e externo?³⁶

Mas escritores e escritoras são seres livres, não são escravos, não se deixam capturar por tanto tempo atrás dessas grades, em regimes fechados. Como tantos artistas a reinventar suas artes, por toda parte escritores e escritoras se rebelavam, em poemas, em romances, em textos teóricos, em ensaios e artigos de jornal, por toda parte se podia ouvir o "som da quebra e da queda, do colapso e da destruição". "Sinais disso são aparentes em todo lugar. A gramática é violada; a sintaxe se desintegra."³⁷ Nenhuma harmonia, nenhuma paz, nenhuma tranquilidade na captura desse halo luminoso em que a vida devia consistir. Agora, mais do que nunca, a existência cumpria uma velha profecia, a vida se fazia uma história cheia de som e de fúria — e não por acaso Faulkner retirou desse verso o título de seu grande livro.

Era, esta sim, a crise em sua face mais reconhecível, a crise que associamos às vanguardas. A ruptura ressurgia na história do romance para se tornar seu principal horizonte, para se instalar como novo dogma. A ruptura que, por um instante, o romance perdera de vista se convertia em sua tradição mais nova, paradoxalmente, é claro, e paradoxalmente a crise se fazia um momento pleno de oportunidades. "Por toda parte os escritores estão tentando o que não conseguem alcançar, estão forçando a forma para que contenha um significado que lhe é estranho", analisava Woolf, prenunciando nessas palavras a virada que se daria de maneira quase natural, a passagem da queda como reascensão à queda como mera queda. Em poucos anos, a narrativa moderna estaria marcada por essa dimensão negativa, pela falha inevitável que se enuncia aqui, pelo fracasso infalível dos romancistas. Em poucos anos, essa dimensão ainda menor se faria explícita, conspícua, ganharia os holofotes na trajetória do gênero: o fracasso do romance se tornaria um programa estético.

Mas não sei por que me adianto neste breve relato. A obra de Virginia Woolf não está nem um pouco marcada por essa negatividade, pelo contrário, sua crença no triunfo possível do romance é de um otimismo radical. Mrs. Dalloway, Septimus, Mrs. Ramsay, Orlando, a autora se empenha de fato em devassar a interioridade de cada um desses personagens, em apreender algo de sua essência, enquanto vacilam entre o gesto mais banal e o sentimento transcendente, entre a pequenez do corriqueiro e a grandeza do histórico, do político, do social. Daí também sua crítica à obra de Joyce: a linguagem afetada do irlandês, excessivamente mediada, punha em evidência o próprio autor, erguia a autoria à superfície da página, quando em sua visão o autor devia recuar a um plano muito posterior, esforçando-se o quanto pudesse para captar o mistério de outras vidas e o fascínio de outras personalidades.[38]

Captar esse mistério não é tarefa simples, requer da escritora um grande esforço de contemplação e de linguagem. Na obra de Woolf, as personalidades não vêm predefinidas, a autora parece desconhecer aquilo que procura em seus personagens tanto quanto eles desconhecem a si próprios. "Não diria de si mesma: sou isso, sou aquilo",[39] pensa sobre si Mrs. Dalloway, e à narradora só lhe resta registrar o indefinido, e seguir ao lado dela, por todo um dia, na esperança de que lhe sobrevenha uma revelação mais apurada. A autora deixa de ser uma instância suprema, abdica de uma parte de seu controle. "Ninguém sabe nada com certeza, aqui", reconhece Auerbach sobre *Ao farol*; "tudo não passa de conjectura, olhares que alguém dirige a outro, cujos enigmas não é capaz de solucionar."[40]

Se nas narrativas de outro tempo, ele continua, "os movimentos internos serviam preponderantemente para a preparação e a fundamentação dos acontecimentos exteriores", aqui essa relação se inverte por completo, e são os acontecimentos externos que "servem para deslanchar e interpretar os interiores".[41] Não é uma mudança menor: o escritor, que antes detinha um conhecimento seguro das ações dos personagens e seus respectivos sentidos, agora observa os seres que cria com olhos desconfiados, olhos de escrutínio. Perde a soberania que tinha sobre sua matéria, não mais abordada de maneira objetiva, e a matéria em si ganha maior autonomia, subjetiva-se. É a emancipação dos personagens em relação a um domínio histórico; já não será tão fácil vê-los domesticados, submissos.

E, no entanto, Woolf também não se submete, não se deixa carregar a esmo, mantém um domínio forte sobre o estilo e sobre o rumo de seus livros. Nunca chega a se entregar de todo à errância mental dos personagens, pelo contrário, organiza com bastante esmero os seus raciocínios. Seus fluxos de consciência até comportam sobressaltos, sim, o real intervém de diversas maneiras no curso dos pensamentos — ouve-se um tiro ao longe, passa pela outra calçada um rosto conhecido —, mas quase nunca essa intervenção se transforma em quebra, quase nunca provoca incongruência excessiva. Pensamentos irrelevantes raramente encontram lugar, salvo quando se quer destacar a importância do desimportante. Não faltam incoerências aos protagonistas, não poderiam faltar neste novo contexto, mas cada uma delas parece colaborar na composição de um todo coerente. "Haverá uma solução para reunir o que se dispersa, tornar contínuo o descontínuo e manter o errante num todo unificado? Virginia Woolf a encontra por vezes"[42] — é Blanchot quem pergunta e quem afirma.

A passagem da dispersão à unidade, do descontínuo ao contínuo, é também a passagem do individual ao coletivo. Se antes tínhamos visto um narrador a saltar entre uma mente e outra, agora há tanta fluidez nesses saltos que eles se tornam um movimento quase harmônico, de uma organicidade imprevista. Ao vaguear de uma consciência a outra com tal cadência, o que era imersão na interioridade de uma pessoa se converte em algo mais amplo, e o leitor se vê a espreitar a interioridade de uma comunidade de seres, de uma cidade inteira. "O que é essencial para o processo e para o estilo de Virginia Woolf é que não se trata apenas de *um* sujeito, cujas impressões conscientes são reproduzidas, mas de muitos sujeitos, amiúde cambiantes." Se Proust cuidara de estabelecer um dos pilares dessa narrativa moderna, a dilatação do tempo e sua estratificação em camadas, aqui se finca na página o segundo pilar: a "representação consciente pluripessoal".[43]

Eis a vida em seu halo luminoso, a luz de tantas lâmpadas entrecruzadas no espaço, agora indiscerníveis, indiscrimináveis. Só assim o romancista pode transmitir o espírito oscilante e desconhecido com mínima intervenção do alheio — afinal, o alheio se deixou abarcar por esse espírito coletivo. Cabe ao romancista, porém, em sua hábil administração dos contrários, não perder de vista a singularidade, nunca esquecer o indivíduo, que é a fonte principal de luz, a origem do halo. Cabe aos romancistas, do presente e do futuro, nunca ignorar a concretude do sujeito retratado, nunca deixar de observar Mrs. Brown.

Essa figura peculiar não está em nenhum dos romances de Virginia Woolf, é personagem exclusiva de seus ensaios. Mrs. Brown é a mulher há muito esquecida no canto da carruagem, atrelada à locomotiva que não saía do lugar, no trem da literatura trafegado por tantos romancistas convencionais. Eles dissipam sua atenção pela janela, reparam na paisagem carregada de fábricas, descrevem os detalhes interiores da carruagem, mas nunca olham para ela, nunca veem de fato aquela figura tão real. Mrs. Brown, nos revela Woolf, é eterna, é a vida em si mesma, é a natureza humana. "Mrs. Brown não escapará sempre. Um dia desses ela será capturada. A captura de Mrs. Brown é o título do próximo capítulo na história da literatura", e "vai ser um dos mais importantes, dos mais ilustres, dos mais antológicos".[44]

Isso ela disse antes de escrever seus principais romances, mas não nos confundamos, não era em sua própria obra que Woolf via tal futuro a se concretizar. Seu presente ainda não podia ser satisfatório, não trazia todas as condições necessárias. Talvez estivesse conturbado demais pelo ruído, carregado demais de fúria, sendo apenas uma etapa do processo, rumo à promessa que o romance um dia haveria de cumprir.

> [...] não esperem ainda uma apresentação completa e satisfatória. Tolerem o espasmódico, o obscuro, o fragmentário, a falha. A ajuda de vocês é invocada em nome de uma boa causa. Porque eu vou fazer uma previsão final e extraordinariamente precipitada: esta-

mos prestes a entrar em uma das grandes eras da literatura inglesa. Mas ela só poderá ser alcançada se estivermos determinados a nunca, nunca desertar Mrs. Brown.[45]

Terá se cumprido essa profecia entusiasmada? Terá a literatura inglesa — e a literatura mundial — ascendido a essa fase extraordinária de fartura e expressividade, agora sem mais espasmos, obscuridades, fragmentos, falhas? Se Woolf não se dava por satisfeita com suas próprias obras, nem com as obras de seus pares, e se hoje olhamos para elas como as grandes representantes de algo, de uma queda que era também um auge, talvez o mais honesto seja reconhecer que tal profecia nunca se cumpriu, que os romancistas não souberam levar adiante essa diretriz, essa disposição. Talvez caiba começar a admitir que o romance, com Macedonio Fernández, com Beckett, com tantos outros artífices da negatividade, submergiu em sua própria crise quando era tempo de se sobrelevar. Ou então que, em tantos outros livros mais comuns, mais convencionais, o romance se permitiu retornar ao velho quando ainda era tempo de inovar — se permitiu, como outras vezes na história, capitular.

O LIVRO

"Tudo foi escrito, tudo foi dito, tudo foi feito, ouviu Deus que lhe diziam e ainda não havia criado o mundo, ainda não havia nada. Também isso já me disseram, ele respondeu, talvez do velho e rachado nada. E começou."[46] Isso quem escreveu foi um romancista, falando de um deus quando poderia estar falando de si. Cedo demais, antes mesmo que sua existência seja plena, que possa se considerar inequívoca, o romance chega à percepção de seu esgotamento, vê-se velho ao mesmo tempo que suspeita nunca ter nascido. É um gênero jovem, como temos visto, o que agora alcança a certeza de seu envelhecimento. Muito ainda falta criar, o romance não cumpriu sua promessa, e já lhe imputam a presunção de que tudo está findo, de que nada lhe resta. E então recomeça.

"Acredito estar chegando justo a tempo, um dia antes de que o gênero Romance comece a ser impossível",[47] disse o romancista em questão, Macedonio Fernández, ao iniciar sua trajetória tardia e excêntrica, distante dos países onde até então essa reflexão se desenvolvia. Tinha já 73 anos esse escritor argentino quando terminou seu *Museu do Romance da Eterna*, um dos livros mais radicais e provocativos com que o gênero já consentiu, um livro feito quase só de prólogos, apresentações, cartas do autor, indagações sobre os personagens e sobre a própria escrita, adiamentos autorreflexivos, um livro que, ainda assim, reivindica para si a categoria de romance. O que Kafka fizera antes, magistralmente, na dimensão do enredo, a construção de tramas feitas só de obstáculos, obstruções, impedimentos ante um mundo cuja lógica se tornou impenetrável, Macedonio repete em chave metaficcional, pondo em xeque agora qualquer lógica literária.

Com a ironia e a arrogância que constituem sua marca, ele se dispõe a produzir numa só obra o último romance ruim e o primeiro bom: "pretendo fazer o primeiro romance genuíno artístico. E também o último dos protorromances: o meu tornará último o que o preceda, pois não se insistirá mais neles".[48] A qualidade que se arroga o autor, porém, é das mais questionáveis. O que ele propõe como romance bom é um livro calculadamente malfeito, que incorra na máxima descortesia com o leitor, o livro que ninguém comprará, o romance mais atirado com violência ao chão. Trata-se de uma "leitura de irritação: a que como nenhuma outra terá irritado o leitor por suas promessas e sua metódica de inconclusões e incompatibilidades".[49] Se o fracasso nunca chegou a se apagar no horizonte do romance, aqui ele se assume como programa com total determinação. O êxito possível da obra e do autor está em seu malogro; o sucesso do fracasso é o que ele ambiciona, e assim seu romance se torna uma encarnação, das mais absolutas, do paradoxo em que o gênero se consome.

Quanto ao seu antípoda, o autor não tem qualquer pudor em dizer qual é o romance ruim, aquele que agora ele quer proscrever: é tão somente o romance realista. Como Proust, como Joyce, como Woolf, Macedonio rejeita o conjunto de procedimentos que constituem há tanto tempo o realismo, mas vai além, leva ao limite seu impulso corrosivo: rejeita também qualquer busca alternativa da realidade, qualquer concepção convencional da verdade. Em prólogos sucessivos, insiste em seu discurso de descrédito à tal realidade que os romances teimam em procurar. Defende que essa busca paralisa a forma, ou pior, a reduz à condição de cópia, produzindo livros como espelhos inúteis do real que, em seu caráter tão pueril, em sua inanidade, obstruem toda relevância que a arte possa alcançar.

> Todo realismo em arte parece nascido do acaso de haver no mundo matérias espelhantes; então os vendedores de lojas tiveram a ideia da literatura, isto é, de confeccionar cópias. E o que se chama Arte parece a obra de um vendedor de espelhos chegado à obsessão, que entra nas casas pressionando todos para que ponham sua missão em espelhos, não em coisas. Em quantos momentos da nossa vida há cenas, tramas, personagens? A obra de arte-espelho se diz realista e intercepta nosso olhar à realidade interpondo uma cópia.[50]

A essa indústria absurda de cópias, à venda massiva do devaneio disfarçado de real, à eterna promessa de conflito e desenlace, promessa nunca cumprida de congruência e unidade, o que Macedonio contrapõe é uma sujeição exclusiva a uma verdade menor, intrínseca, incondicionada: "a verdade da arte". É a "tomada de partido contra a mentira da representação" que Adorno defendia para a narrativa moderna, embora sem nunca ter lido a obra do argentino.[51] O que Macedonio almeja criar é um livro que, ao menos dessa vez, não seja cópia fiel de outra cópia fiel de algo que alguém viu ou disse ver como realidade. Um livro que, desse modo, não esteja de sobra no mundo, não seja uma mentira a mais entre tantas mentiras que se pretendem verdades. "Eu quero que o leitor saiba sempre que está lendo um romance e não vendo um viver, não presenciando 'vida'. No momento em que o leitor cair na Alucinação, ignomínia da Arte, eu perdi, e não ganhei um leitor."[52]

Para impedir que tal engodo se realize, seu mecanismo é bastante rigoroso: consiste em garantir que não haja nenhum personagem vivo na narrativa, ninguém reconhecível fora dali, ninguém identificável no mundo exterior. Seus personagens carecem de corpo, de órgãos sensoriais, de nomes verossímeis, são todos sujeitos impossíveis, vivem o breve instante em que o autor os escreve, os instantes intermitentes em que o público os lê. São fantasmáticos inclusive no contexto do próprio romance, pois o jogo da metaficção sempre se conduz com alguma vertigem. São O Não Existente Cavalheiro, Doce Pessoa, O Homem Que Fingia Viver — este último mais emblemático ainda, pois é mencionado com constância sem nunca chegar de fato a emergir no livro.

Passou-se uma década, ou pouco mais, e mais distantes de Mrs. Brown não poderíamos estar. Falamos ainda de uma mesma época e, contudo, não é exagerado avaliar que também a Proust, Joyce e Woolf a crítica contumaz de Macedonio se aplica. Não surpreenderá então se ele subverter ainda uma vez o que se concebia como crise:

> O que eu não quero e vinte vezes tenho evitado em minhas páginas é que o personagem pareça viver, e isso ocorre a cada vez que no

ânimo do leitor há alucinação de realidade do acontecimento: a verdade da vida, a cópia da vida, é minha abominação. E, certamente, não será esse o mais genuíno fracasso da arte, a maior e talvez a única frustração, abortação, que um personagem *pareça* viver? Eu consinto que eles queiram viver, que tentem e cobicem a vida, mas não que pareçam viver, no sentido de que os acontecimentos pareçam reais; abomino todo realismo.[53]

Eterna, a protagonista convocada ao título, é esse ser apenas psíquico que cobiça a vida. Quando enfim se superam os incontáveis prólogos e se passa aos vinte capítulos que constituiriam o romance em si, tão retóricos e discursivos quanto todos os preâmbulos, é com este argumento que nos deparamos, se algum argumento se pode depreender: os personagens, ansiosos por alguma evolução, por algum acontecimento num cotidiano tão monótono, entram em conluio para salvar Eterna da irrealidade, para fazer com que ao menos ela se materialize. O paradoxo que se gesta aqui tem outra índole: se ela enfim ganhar corpo, se ganhar vida, perderá tudo o que tem, tudo o que é, pois deixará de ser Eterna — deixará de viver na eternidade do livro, por mais restrita que seja.

Existência e inexistência são dois polos inconciliáveis, mas é na confluência desses polos que o autor quer produzir seu efeito. No lugar da alucinação realista, Macedonio propõe outra alucinação, bastante diferente: que o leitor, sempre consciente de estar lendo um romance, sofra "um choque de inexistência" e possa se confundir com os personagens do livro, a ponto de passar a crer que ele mesmo não vive. "Esta é a emoção que ele deve me agradecer e que ninguém pensou em lhe ofertar."[54]

Eis o ineditismo de seu empenho, proposto sempre como provocação ou como experimento: ali a humanidade põe os olhos no nunca visto, em uma amostra do nunca acontecido. O que há hoje no romance?, perguntam os personagens quando um capítulo se inicia, e o leitor pode sentir a instabilidade da obra que tem nas mãos, sua forma arbitrária e imprevisível, sua recusa em sucumbir a uma necessidade ulterior, à fórmula da mesmice. Passam os anos sem que o autor avance na escrita, mais de vinte anos Macedonio esteve a escrever sem nunca alcançar o fim, sem nunca considerar a obra completa, e os personagens vivem em compasso de espera, sofrem diretamente a passagem do tempo, a paralisia do ser que os cria.

O livro se converte, assim, como o autor o define, em "um lar para a não existência". Esse lar, que se deseja totalmente apartado da realidade, esse espaço com suas regras e seu tempo próprio, leva ao limite a noção de autonomia da obra — a noção já tão presente de autonomia da arte. Fechado em si mesmo, o livro se faz um objeto à parte, que, como todos os objetos do mundo, à exceção talvez dos espelhos, não existe para copiar os outros, apenas existe. Quando deixa de tentar ser o simulacro da realidade, o livro se converte em algo mais premente e mais imediato, passa a constituir essa realidade, passa a ser um atributo a mais do real. Estamos próximos, então, do que outro escritor argentino, Juan José Saer, incensará mais tarde como "narração-objeto": uma obra que "se basta a si mesma e que, dentro dos limites que se impôs por seus princípios de construção soberana, é um mundo próprio, um verdadeiro cosmos dentro do outro".[55]

Mas convém não saltar a conclusões fáceis, a entusiasmos retóricos, convém sempre duvidar do que o autor afirma como seu propósito. Estamos diante de um antirromance, afinal, talvez o mais emblemático de seu tipo, e antirromances são sempre discursos tortuosos, podem não revelar seus sentidos de maneira tão peremptória. Também as narrações-objeto, como outros objetos do mundo, não oferecem interpretações simples, existem sem um significado claro, existem e nada mais, fazendo de sua máxima autonomia uma opacidade inevitável.

Com tudo isso, com toda essa doutrina exposta de forma insistente nos prefácios, não é impossível que Macedonio esteja dizendo algo muito diferente do que diz. Quando a teoria está toda inserida no universo ficcional, constituindo na prática o corpo principal do romance, assume um caráter irônico e pouco confiável. Pelo princípio da ironia, cada um de seus enunciados pode estar manifestando o seu contrário, cada afirmação pode estar ali para negar-se. Se um romance radical em sua metaficção tem o intuito desvelado de fracassar, talvez seja esse o tipo de romance que se ironiza afinal, talvez não seja tão profunda a crítica ao romance que se acusa de convencional. Fracassando em sua proposta de absorver o leitor na irrealidade — já que o leitor se mantém ressabiado diante de tanta mordacidade, sem nunca se entregar à fruição narrativa que não há —, o romance pode se converter ele mesmo em seu antípoda: em vez de crítica terminante ao realismo, torna-se, absurdamente, autocrítica do romance crítico.

Ou não: ou o romance de fato absorveu esse leitor e o contagiou com a vertigem de sua oratória. E, se assim for, Macedonio alcançou seu propósito de executar uma teoria da arte em forma de romance, de construir um "romance modelo" — um romance que assume seu papel no embate do gênero, admite para si que é fruto de uma tese e não se priva de advogar por ela. Se assim for, o que Macedonio nos lega é um apelo que permanece aberto, como permaneceu aberto o apelo contrastante de Virginia Woolf: que alguém leve adiante a proposta estabelecida em seu livro, que algum escritor futuro ou escritora futura o corrija e o edite livremente, com ou sem menção de título e autoria, e que assim faça prosseguir essa outra tradição do gênero, passando a constituir o cânone ainda escasso do antirromance. Macedonio é quem garante, se alguém quiser acreditar nele: "Deixo assim dados a teoria perfeita do romance, uma peça imperfeita e um plano perfeito de sua execução".[56]

## O FIM

Não é enfim uma extrapolação se alguém quiser interpretar, de tudo o que temos visto até aqui, a história do romance como a história de sua progressiva e categórica negação. Como já se previa, romance e negação do romance parecem se fundir em incontáveis circunstâncias: tão forte é a tendência do gênero à autocrítica, ao abandono acelerado de seus velhos esquemas, à revisão de seus preceitos e teorizações sucessivas, que a tradição do romance pode não ir muito além da tradição de romper com o romance, de contrariá-lo de maneira sistemática até sua inevitável exaustão. "Mas uma tradição da ruptura não é, necessariamente, ao mesmo tempo uma negação da tradição e uma negação da ruptura?", provoca Compagnon.[57] Tanto duvida o romance de seu próprio narrar, que não pode deixar de duvidar também de suas dúvidas.

Se assim concebemos a história, se a construção do romance pouco difere de sua destruição e de sua ruína, da suspensão gradativa de cada uma das certezas que alguma vez lhe foi atribuída, Samuel Beckett ganha o status de modelo maior da desconstrução crítica. Converte-se, assim, em um bastião da antinarrativa, talvez o último reduto de um radicalismo moderno, um anticânone aparentemente intransponível. Tão extremo é seu ímpeto negativo que à sua obra se aplicam todos os epítetos já aventados para a onipresente crise: crise da experiência, crise da representação, crise da arte, crise do sujeito, crise do sentido.

Sua contribuição específica à crise do romance se dá sobretudo na "trilogia do pós-guerra", composta por três livros cada vez mais enigmáticos, indecifráveis, ilegíveis: *Molloy*, *Malone morre*, *O inominável*. Como o próprio autor o define, trata-se de um *work in regress* em que assistimos com assombro à condução trágica dos protagonistas rumo à total paralisia. O corpo é o primeiro invólucro que os deserta: as pernas de Molloy se degeneram até que ele não possa mais sair do lugar; Malone agoniza nu na cama de um asilo ou de um hospital; o inominável já nem corpo tem, nada vê, nada ouve, nada sente, pode não passar de uma voz. O espaço em que tais personagens existem é também cada vez mais exíguo: vai se estreitando o quarto de onde eles falam até que não passa de um recipiente mínimo, não mais que uma vasilha. Até mesmo a mente em que essas vozes subsistem, a consciência explorada com vigor por Joyce e Woolf, em Beckett se degradou de vez: não resta a seus personagens nenhuma clareza possível, a loucura e o caos vão tomando de assalto seus pensamentos — é no "manicômio do crânio" que eles vivem.[58]

"Quanto mais Joyce sabia, tanto mais ele podia. Ele tendia para a onisciência e a onipotência enquanto artista. Eu lido com a impotência, a ignorância", é o que Beckett nos explica.[59] Tal como seu conterrâneo, vê-se tentado a abandonar a língua inglesa, um "véu que precisa ser rasgado para chegar às coisas" — e ele de fato a abandona, adotando o francês para a escrita de sua trilogia. Se sua linguagem assim se empobrecia, tanto melhor para que alcançasse seu propósito, tanto melhor para exprimir a realidade de seus seres empobrecidos. A língua que Joyce devolveria, Beckett estava disposto a arruinar de vez:

> Tomara que chegue o tempo, graças a Deus que em certas rodas já chegou, em que a linguagem é mais eficientemente empregada quando mal-empregada. Como não podemos eliminar a linguagem de uma vez por todas, devemos pelo menos não deixar por fazer nada que possa contribuir para sua desgraça. Cavar nela um buraco atrás do outro, até que aquilo que está à espreita por trás — seja isto alguma coisa ou nada — comece a atravessar; não consigo imaginar um objetivo mais elevado para um escritor hoje.[60]

Quem abate a linguagem, é evidente, abate o romance — o outro invólucro que se degrada na mesma medida daqueles corpos autodestrutivos. "Temporalidade e espacialização, constituição de voz narrativa e personagens, enredo e referencialidade", "o esquema estrutural tensão-distensão, nó-desenlace",[61] tal como enumera Fábio de Souza Andrade, cada um desses alicerces históricos do gênero desmorona sob o efeito corrosivo dessa linguagem em desgraça, sucumbe num severo processo de desqualificação da obra literária. E as convenções que ainda resistem ao longo das páginas — para sustentar a manutenção da ficcionalidade ainda que em seus recursos mais pálidos, para que exista a tal linguagem que não se pode eliminar — acabam por ser questionadas em simultâneo na loucura das vozes. São momentos flagrantes em que o próprio narrar se torna a matéria do narrado:

> E cada vez que digo, Dizia a mim mesmo isso e isso, ou que falo de uma voz interna me dizendo, Molloy, e depois uma linda frase mais ou menos clara e simples, ou que me acho na obrigação de emprestar a terceiros palavras inteligíveis, ou que em consideração a um outro saiam da minha própria boca sons articulados de maneira mais ou menos apropriada, estou apenas me dobrando às exigências de uma convenção que exige que você minta ou se cale. Pois o que se passava era completamente diferente.[62]

É múltipla, então, a exaustão que provocam essas obras. Exaurem as formas prévias trazendo à tona suas ingenuidades, acusando suas mentiras para não ter de calar, mas também exaurem sua própria forma, ou são a própria forma de uma arte exausta. Uma arte "cansada de suas explorações trocadilhescas, cansada de fingir-se capaz, de ser capaz, de fazer um pouco melhor a mesma velha coisa, de trilhar um pouco além a mesma terrível estrada"[63] — é o que diz o autor, e aqui me pergunto se a estrada lodosa descrita um século antes por Stendhal não estará agora tomada por inteiro pelo lodo. Uma arte comprometida não com seu sucesso, seu alcance, seu conteúdo, sua transparência, mas apegada a uma intranscendência programática, ao hermetismo, à opacidade, conformada por sua impossibilidade, conformada com seu fracasso.

Há em Beckett a recusa mais terminante à cultura dos significados, a evitação mais obstinada de tentar reproduzir o mundo em suas páginas, de explicá-lo, de lhe oferecer uma nítida resposta. Chega-se assim a mais uma sedimentação inconteste do paradoxo: o que ganha corpo em sua obra, numa declaração que já se fez célebre, é "a expressão de que não há nada a expressar, nada com que expressar, nada a partir do que expressar, nenhuma possibilidade de expressar, nenhum desejo de expressar, aliado à obrigação de expressar".[64] Para Adorno, no julgamento impiedoso que lhe é de praxe, esse seria o traço definitivo da arte autêntica, a "que assume em si a crise do sentido", e tudo o mais só poderia ser compreendido como arte resignada.[65]

E, no entanto, quanto não significam as obras de Beckett, quanto não reproduzem do mundo, quanto não explicam, quanto não oferecem a mais nítida resposta sobre o indizível estado das coisas? Não haverá um sentido profundo nessa negação de sentido, uma denúncia na suspensão da denúncia? Beckett não comunicaria, dialeticamente, paradoxalmente, a incomunicabilidade que a todos vitimiza? Se assim a concebemos, sua recusa ao realismo se torna, em si, um dos atos mais realistas da história literária. Há uma positividade inegável naquela declaração tão negativa: erra quem conclui que sua obra nada expressa; sua obra expressa, pelo contrário, o nada.

A vanguarda do romance encontraria na trilogia, então, um problema sério. Reputa-se perfeita a imperfeição das obras de Beckett, sua reação dissonante ao passado do gênero e aos horrores da situação presente. Tão radicalmente anticonvencionais são esses textos que reduziriam o gênero ao absurdo, estabelecendo para ele um novo padrão e um limiar impossível: mais radical e mais absurdo que isso já não é romance; menos radical e menos absurdo já não é novo e, portanto, sob certo olhar, não é artístico.

Se aceitas essas muitas premissas, o que restaria ao romancista depois de Beckett seria tão somente uma crise da crise — talvez a única crise que merecesse o nome — a se manifestar como uma terrível sina: a de não poder contrariar o progresso regressivo do gênero rumo à falência da linguagem e do sentido, sem tampouco poder repetir a verdade da incomunicabilidade tão bem comunicada por Beckett — pois expressá-la de novo seria um gesto inexpressivo. Eis a forte contribuição do irlandês ao que Adorno chamava de "cânone de interditos" — o conjunto de práticas artísticas que acabavam por se obstruir numa arte tão alerta a seu próprio rigor crítico. Ele não apenas aniquila o velho registro dos romances tidos por clássicos, sua ordem intrínseca, como inibe o mais recente empenho vanguardista, sua desordem normativa.

Nunca uma obra cumprira tão bem a determinação de Paul Valéry, tornando-se "inimiga mortal das outras". Foi o próprio Beckett o primeiro a perceber o imperioso embaraço que sua trilogia deixava de herança aos romancistas, e a percepção veio na forma de uma paralisia com que seus personagens pareciam contagiá-lo, a incapacidade de construir algo novo com os escombros de linguagem que lhe sobravam.

> Ao fim da minha obra, não há nada a não ser o pó — o nomeável. No último livro, *O inominável*, há uma desintegração completa. Nada de "eu", nada de "ter", nada de "ser". Nada de nominativo, nada de acusativo, nada de verbo. Não há meio de ir adiante.
>
> A última das coisas que escrevi, os *Textos para nada*, foi uma tentativa de escapar da atitude de desintegração, mas falhou.[66]

"Onde agora? Quem agora? Quando agora?", perguntava ainda a inominável voz, mas dessa vez a resposta não lhe sobrevinha, nenhuma palavra que retomasse o fio que se partira. Encurralado por si próprio, sem saída à vista, não é exagerado julgar que Beckett vislumbrasse para si o mesmo fim trágico de seus protagonistas. Nessa mesma entrevista, o jornalista lhe pergunta: "Que fazer então, quando não se encontra nada a dizer? O mesmo que fazem os outros — continuar tentando?". E um lacônico Beckett responde, encerrando de vez a conversa: "Há outros, como Nicolas de Staël, que se atiraram da janela — depois de anos de luta".

Mas como nem mesmo se matando ele mataria sua obra, Beckett não sucumbiu ao silêncio por completo, deixando que a obrigação de expressar voltasse a tomá-lo de tempos em tempos, enfrentando a retidão de preceitos que definira, a contundência de seus desígnios. Em suas produções narrativas posteriores acusou-se, porém, com um rancoroso prazer, uma falta de surpresa, a tediosa repetição de suas concepções prévias: não replicavam um modelo alheio, mas talvez replicassem seu próprio modelo. Foi Adorno quem identificou essa tendência geral, ressaltando em paralelo a consciência que Beckett guardava quanto a isso, sua dupla certeza: da necessidade do avanço e de sua impossibilidade patente.[67]

Quando finalmente avançou, quando conseguiu, na década de 1980, transpor suas barreiras e inovar em uma nova trilogia, uma sequência que desmantelava ainda mais os procedimentos dos romances que se tinham por clássicos, e também dos romances que se anunciavam modernos, uma continuação que não escapava da atitude da desintegração, agravando-a em vez disso, ninguém mais pôde ver romances nesses livros e o impasse permaneceu em suspenso. Magros, desconexos, fragmentários, *Companhia, Mal visto mal dito* e *Para frente o pior* permanecem como enigmas de difícil resolução, seu triste augúrio anunciado no último dos títulos, sem que ninguém saiba bem como concebê-los, como situá-los numa trajetória do gênero.

Depois do apelo de Woolf, e do apelo de Macedonio, seria este então o legado de Beckett: um apelo negativo, um convite à imobilidade e à mudez? E, se assim for, devemos considerar que tal apelo se propaga ainda em nossos dias, não como um ronco a ressoar no quarto ao lado, mas como um silêncio sensível, a assombrar outros tantos romancistas preocupados com a novidade e a pertinência de seus próprios livros? "Tentar outra vez. Falhar outra vez. Falhar melhor." Isso propôs Beckett pouco antes do fim, mas como falhar melhor do que ele, se ele falhou tão impecavelmente?

E se o romance não resolveu seu impasse e ainda assim não desapareceu, se a morte do romance é uma ameaça que há muito se adia, quantas outras questões esse caso não suscita? Narrar agora, narrar esquecendo a crise, narrar seria agora o verdadeiro ato regressivo? Em um mercado cada vez mais pujante e distraído com seus vícios, terá sido o romance privado de qualquer valor artístico, existindo apenas como entretenimento, como mais uma entre as instituições dominicais destinadas ao consolo dispersivo? Estará a literatura fenecida como arte, depois de uma lenta agonia que nos passou quase despercebida, posterior a sua mais ruidosa agonia? E a grande profusão de narrativas que hoje vemos, a proliferação de novos romances e novos romancistas, seria sinal de um declínio continuado ou uma informação enigmática que apenas o contraria?

Antes de saltar a conclusões depressivas, a uma áspera descrição da decadência em que estaríamos submersos, convém examinar por um instante a validade das premissas. Ao romance nada restaria porque Beckett teria executado a totalidade do serviço: levado o gênero a suas consequências últimas, destruindo todas as suas prerrogativas, e expressado limpidamente, isto é, obscuramente, a obscuridade do mundo a que estamos todos submetidos. Ao salvar seus romances da falsidade que maculava seus contemporâneos, condenamos a um só tempo todos os que o seguiram, todos os que quiseram retomar ou corromper o seu projeto. Beckett se estabelece como referência maior de uma ampla crise e como única solução possível para a impossibilidade de avanço que nos acomete: vemos em sua obra, quando assim o exaltamos, a resolução do problema inteiro, em vez de garantir a persistência do problema como impasse crítico e produtivo.

Ora, mas não dissera Lukács, e não dissera Auerbach, e não diz também o próprio Adorno que "o conteúdo de verdade das obras de arte, de que depende finalmente a sua qualidade, é histórico até ao mais profundo de si mesmo"?[68] Parece que estamos esquecendo, nesse raciocínio, que toda obra está sujeita aos limites de suas circunstâncias, toda obra é fruto de suas contingências. O impasse se cria — ou o impasse se perde — quando entendemos a posição de Beckett como uma negação absoluta, atemporal, dogmática; quando nos esquecemos de ver que ela retira sua força de um impulso contrário a essas tendências: o fato de ser reflexo da sociedade em que se insere e de estar, portanto, determinada historicamente.

"O obscurecimento do mundo torna racional a irracionalidade da arte: mundo radicalmente obscurecido",[69] diz Adorno ainda a partir de Beckett, mas diz isso em meados do século XX, e convém situá-lo bem no tempo. Não é irrelevante que esses três romances principais de Beckett tenham sido escritos entre 1946 e 1950. Não é irrelevante que os chamemos de trilogia do pós-guerra. O horror a que Adorno e Beckett se referem não tem nada de sutil, nada de abstrato, nada de incerto: é o horror do holocausto. Da Europa carcomida pela guerra é que se depreende a ausência de sentido, a impossibilidade de qualquer entendimento entre os seres humanos.

Julgar Beckett o último bastião do radicalismo, pensar que algum valor do romance deu seu último suspiro ali, é deixar de enxergar quanto o mundo se transformou desde então, quanto passou a exigir outro tipo de expressão, outra literatura, outras posições críticas. Cabe ainda falar em obscuridade do mundo, em horrores da situação presente, ou esses termos, embora ainda pertinentes diante de tantas novas tragédias, soam anacrônicos para descrever o contexto em que vivemos? A ininteligibilidade continua sendo uma das marcas do nosso pensamento, ou terá sido substituída por um cientificismo falso e austero? Nos reconhecemos de fato no hermetismo de tantas obras modernas, estamos ainda dispostos a renunciar à ideia de sentido, ou hoje os sentidos se difundem sobremaneira, tornando imprescindível explicitar em vez disso sua saturação e sua onipresença?

São precipitadas essas perguntas, avançam mais de meio século de maneira irresponsável, desconsideram toda uma etapa que ainda deve ser interpretada com cautela, cujos princípios mal se vislumbram, pois não estão sedimentados no tempo. É evidente que o que se poderia enxergar como reascensão do romance tem um caráter bastante incerto, invade terrenos ainda mais movediços do que esses pelos quais tenho me movido até o momento. Em todo caso, se há algo de tão controverso e problemático nos tempos que se seguem, no romance que trata de se reerguer sobre suas aparentes ruínas, talvez haja algo de equivocado na maneira como concebemos a unânime queda.

Passada essa convulsão de meio século, tudo se pode acusar à literatura, menos a indiferença que Proust dizia sentir antes de se pôr a escrever, menos o temor de que ela não revelasse nenhuma verdade profunda. O romance se despiu de seu manejo objetivo do tempo, de seu espaço tangível, de sua intriga, de seu referente, de sua coerência, de uma visão coesa do indivíduo, de tantas outras indumentárias que talvez nunca de fato o tenham vestido, se despiu de tudo o que lhe era dispensável, não para definhar ou inexistir, mas para se ver puro e dar ao seu corpo a máxima eficiência. Passou da impotência da escrita à escrita da impotência, sim, mas esse pode ter sido um dos seus gestos mais potentes. A crise do romance, repito, essa crise prolífica e complexa que tentei percorrer, pode não ter sido propriamente uma queda, e sim o romance no auge de suas capacidades expressivas, representando com precisão nunca antes vista um mundo em crise.

# A reascensão possível

A história nunca termina, não poderia ter fim a história. Todo ponto-final é sempre um ponto intermédio: abre um futuro tão vasto quanto o passado que encerra. Falar em tom fatal da agonia do romance talvez seja perder de vista sua outra dimensão certeira, a continuidade que mencionei tantas vezes, sua pertinência entre as atividades humanas essenciais, seu caráter nunca inteiramente revogado de narrativa. Contra toda lógica e toda expectativa — ou com toda lógica e como seria de se esperar —, o romance sobrevive. Transtornado em tantos de seus preceitos, desfigurado em tantas de suas características, o romance cumpre sua sina de gênero resiliente e se regenera como talvez parecesse inconcebível. Positivas ou negativas, erram as muitas profecias: os romancistas não se deixam curvar sob os fardos que outros querem lhes transferir; em vez disso, erguem do chão o que ali resta e fazem dos despojos suas novas quimeras.

Se é romance ainda o que agora se cria pode estar sujeito a questionamentos. O que Adorno já dissera sobre as artes pode muito bem se aplicar à arte narrativa: "A alternativa que se abre na crise é a seguinte: ou sair da arte, ou transformar seu conceito".[1] Mas, se o romance que se queria artístico já se via tão distante do que alguma vez havia sido, se sua longa tradição disruptiva já cuidara de afastá-lo de si mesmo, que conceito restaria ainda para transformar? Que disrupção provocariam agora os romancistas para garantir ao gênero sua inusitada sobrevida?

Não a rejeição dos procedimentos clássicos já rejeitados tantas vezes, é o que logo percebemos, não a reiterada recusa a perpetuar os velhos dogmas do realismo, não mais a ruptura com a longa linhagem de autores que os precederam. Num breve olhar aos romancistas desta aparente nova época, outra é a disposição que se depreende: uma rejeição da rejeição aos procedimentos clássicos, uma recusa da recusa que talvez já se mostrasse dogmática, uma ruptura paradoxal com a já institucional tradição de ruptura. Nesse jogo complexo de negativas, algo da negatividade se cancela: rejeição, recusa e ruptura já não são os gestos definitivos — e assim parece se interditar, de modo súbito e surpreendente, todo o cânone de interditos.

Incontáveis romancistas percorrem a extensa trajetória do gênero, se deixam permear pelas obras de seus precursores, se perdem por esse vasto sistema de ideias, mas não parecem sair tão irascíveis como antes, nem tão tomados pelo desalento. Reagem de maneiras tão diversas que já não permitem que seus nomes se enumerem numa mesma sentença — em comum entre tantos deles, talvez apenas a abundância com que escrevem. A crise do sentido já não parece conduzir ninguém ao silêncio. Pelo contrário, como aponta Jean-Luc Nancy, "o fim do mundo do sentido dá lugar a uma práxis do sentido do mundo".[2] Das mais diversas maneiras, o romance se esforça em recuperar seu papel no mundo, ainda que, para isso, precise inventar todo um mundo feito apenas de papel. O romance assume para si sua dimensão de artifício e assim, como outras vezes, não é disparatado cogitar que venha a se aproximar um pouco mais do real.

## O NOVO

Começo este novo capítulo da história por uma exceção, o que a esta altura raros leitores hão de estranhar. Tão precárias são as regras do romance, sabemos, que nele as exceções podem ser mais importantes e mais numerosas que as regras. Ainda que a reascensão possa ter se dado sobretudo como uma revisita cada vez mais acrítica à história do gênero, como um olhar cada vez mais reverente voltado ao passado, foi, pelo contrário, com um poderoso arsenal crítico e um forte apelo à originalidade que se postulou pela primeira vez a ideia de um novo romance posterior à crise.

Poucas décadas haviam se passado desde que Proust dera início àquele mergulho profundo na interioridade, muito ainda teriam a fazer os que quisessem atender às súplicas de Woolf, e no entanto um bom punhado de jovens franceses já se punha a apregoar um novo tempo, a reivindicar uma ampla revisão do conteúdo e das formas possíveis à escrita romanesca. Ante esse passado tão recente acusavam um forte desapontamento: a exploração aguda da consciência, por mais audaciosa que tivesse sido, resultara para Nathalie Sarraute em uma decepção sensível, provocava em Alain Robbe-Grillet um forte fastio pelos romances da época. Desprezo semelhante fora visto outras vezes: a confiança excessiva de seus predecessores lhes soava ingênua, o período imediato que os antecedia parecia carregado de inocência.

Toda a exploração psicológica havia sido um erro de percurso, avaliavam esses jovens romancistas convertidos em críticos: a ineficácia da introspecção clássica havia sido substituída pela mentira da introspecção moderna, e já nenhum leitor do novo tempo se deixaria atrair por tais embustes. "'O psicológico', fonte de tantas decepções e tantas penas, não existia", sentenciou Sarraute.[3] Para Robbe-Grillet, o problema era mais grave ainda, o fim necessário da interioridade era uma só faceta de um elemento maior a ser proscrito: o personagem. Nenhum sentido haveria em acrescentar mais algumas figuras à galeria de retratos em que consiste a história literária. "O destino do mundo, para nós, deixou de se identificar com a ascensão ou a queda de alguns homens, de algumas famílias. O próprio mundo já não é essa propriedade privada, hereditária e cotizável."[4]

A história era mais uma noção a perimir, e muito se esforçaram tais autores para isso. Sarraute atacou a trama antiquada em que insistiam quase todos os livros, "aquela ação dramática superficial, constituída pela intriga, que não passa de uma grade convencional que aplicamos à vida".[5] Robbe-Grillet de novo foi além e se pôs a alvejar qualquer apego a uma ordem preestabelecida; o que teimavam em oferecer esses enredos fechados era a imagem anacrônica de "um universo estável, coerente, contínuo, unívoco, inteiramente decifrável". Não que toda anedota devesse faltar, ele disse, se protegendo quando outros julgaram seus romances tediosos e vazios: o que lhe parecia preciso era turvar "seu caráter de certeza, sua tranquilidade".[6]

Tudo isso, e tantos outros elementos — o narrador em seus comentários invasivos, a humanização dos objetos e da natureza, o compromisso do autor com uma específica posição política —, tudo isso supostamente acabava por ferir certa sensibilidade recente, indispunha leitores e autores como em nenhuma outra época. Foi Sarraute a primeira a identificar esse estranhamento que surgia entre eles, a declarar que o desenvolvimento do romance conduzira a uma tensão sem precedentes:

> [A evolução do gênero] dá testemunho, a um só tempo no autor e no leitor, de um estado de espírito singularmente sofisticado. Não apenas eles desconfiam do personagem do romance, mas, através dele, desconfiam um do outro. Ele era o terreno compartilhado, a base sólida de onde eles podiam num esforço comum se lançar em

novas procuras e descobertas. Ele se tornou o lugar de sua desconfiança recíproca, o terreno devastado onde autor e leitor se afrontam. Quando examinamos a situação atual, nos sentimos tentados a dizer que ela ilustra maravilhosamente a frase de Stendhal: "o gênio da suspeita veio ao mundo". Nós entramos na era da suspeita.[7]

Poderia até ter sido mais pessimista e afirmar o que insinuou em outros momentos: a era da suspeita é uma era de descrença. O pacto costumeiro entre autores e leitores, o empenho dos primeiros em buscar a verdade, o empenho dos últimos em acreditar que ela foi encontrada, parecia rompido por completo — a velha leitora de Defoe, que acompanhara por tantos séculos a variada produção do gênero, agora parecia se aposentar de sua valorosa tarefa. Dali em diante, os acordos seriam sempre instáveis, sempre voláteis, oscilantes, efêmeros, pactuados entre narradores e leitores nos confins de cada obra, por meio de delicados efeitos de linguagem. Dali em diante, a ficção padeceria sempre de algum despropósito, e, se desejava continuar a existir com uma mínima tranquilidade, teria que provar a cada vez sua absoluta necessidade.

Fazer literatura com o que restou desse processo cáustico, fazer literatura apesar da pouca validade que lhe sobra, fazer literatura apesar: eis o desafio que se apresenta ao novo romance. Para Sarraute, no desfecho de seu célebre ensaio, nem tudo é motivo para desânimo. A descrença tem seu valor positivo, "é uma dessas reações mórbidas pelas quais um organismo se defende e encontra um novo equilíbrio". Coagido pela suspeita, o romancista se faz mais diligente no cumprimento de sua obrigação mais profunda, tal como ensinou Flaubert em seu legado em disputa: "descobrir a novidade". Acossado pela suspeita, o romancista desiste de cometer seu crime mais grave: "repetir as descobertas de seus predecessores".[8]

A saída para esse novo problema seria, então, a insistência em uma busca obstinada pelo novo — daí que seja essa a etiqueta que se cola sobre estes jovens autores, os ideólogos do *nouveau roman*. "O romance, desde que existe, sempre foi novo", diz Robbe-Grillet. "Flaubert escrevia o novo romance de 1860, Proust o novo romance de 1910. O escritor deve aceitar com orgulho carregar sua própria data, sabendo que não existe obra-prima na eternidade, que só existem obras na história."[9] Formula-se, a partir disso, a contradição própria desse momento tão curioso: buscar o novo é respeitar uma velha prática; deixar de buscá-lo e simplesmente escrever romances, como fazem tantos romancistas, seria a verdadeira traição ao passado do romance. Um desvio quase sutil no olhar que dedicam à época pode explicar algo dessa diferença de propostas. Parte dos escritores acredita ainda viver a modernidade: o tempo presente, recente, tempo da novidade. Outra parte, e pela primeira vez desde o surgimento do termo, acredita que o moderno ficou para trás, cogita estar vivendo um tempo posterior, uma pós-modernidade.

Tão acirrado se fez o embate que as acusações foram numerosas: além de Robbe-Grillet e Sarraute, Duras, Simon, Butor e outros tantos estariam tentando forçar novas leis ao romance, barateando para isso o passado, acabando com a subjetividade, expurgando a humanidade das obras literárias. Era uma escola perigosa, denunciavam, uma teoria que colocava em risco uma série de avanços históricos. Seguidas vezes, Robbe-Grillet se viu obrigado a responder que o *nouveau roman* não era uma teoria, não era uma escola:

> É só uma denominação cômoda que engloba todos aqueles que buscam novas formas romanescas, capazes de expressar (ou de criar) novas relações entre o homem e o mundo, todos aqueles que estão decididos a inventar o romance, isto é, a inventar o

homem. Estes sabem que a repetição sistemática das formas do passado é não somente absurda e vã, mas que inclusive pode se tornar nociva: fechar os olhos sobre nossa situação real no mundo presente nos impede no fim das contas de construir o mundo e o homem do amanhã.[10]

Como sempre, o modo como tais princípios repercutiam nas obras de seus defensores é toda uma questão à parte. Seria contraditório, como é evidente, que essas premissas se convertessem num programa estético, que em suas próprias obras se processasse a repetição que eles tanto se esforçavam em rechaçar, que seus procedimentos se reiterassem de um autor a outro, de um livro a outro. "Cada romancista, cada romance, deve inventar sua própria forma", Robbe-Grillet ditou. "Nenhuma receita pode substituir essa contínua reflexão." Adiantando-se à sua inevitável superação, facilitando a desejável metamorfose do gênero, a obra devia inclusive plantar as bases para sua crítica posterior. "Cada novo livro tende a constituir suas leis de funcionamento ao mesmo tempo que produz sua destruição. Uma vez acabada a obra, a reflexão crítica do escritor lhe servirá ainda para tomar distância, alimentando logo novas buscas, um novo ponto de partida."[11]

E, no entanto, quanto esses autores não repetiram a si mesmos, quanto não repetiram uns aos outros? Com o rechaço à subjetividade e à introspecção, com o repúdio também às tramas carregadas de ação, só o que lhes restou foi uma atenção obsessiva ao império das coisas, o recurso constante da descrição. O que se vê na maioria desses romances é uma devoção quase absoluta aos objetos postos em cena, a opção pelo rigor descritivo em detrimento de qualquer interpretação. E em sua ânsia de obscurecer qualquer sentido ulterior, de poupar cada ato e cada gesto dos sentidos que não lhes fossem imanentes, dos significados que os narradores abusivos insistiam em lhes impor, o que resultou talvez tenha sido uma elisão do sujeito, uma despersonalização coletiva da arte do narrar.

Boa parte desse processo, que hoje nos vemos a lamentar, foi realizada pelos autores com plena deliberação. O efeito que queriam criar sobre o leitor talvez fosse o de uma nova pedagogia do olhar, e assim uma nova compreensão de seus próprios atos e de sua presença no mundo. O contato direto e sensível com as coisas, mediado pela linguagem, daria ao leitor "a ilusão de refazer ele mesmo aquelas ações com uma consciência mais lúcida, com mais ordem, limpeza e força", "sem que elas perdessem a parte de indeterminação, a opacidade e o mistério que sempre têm as ações para aquele que as vive".[12] Isso quem disse foi Nathalie Sarraute, e talvez possamos nos perguntar se era dessa forma que ela propunha mitigar a desconfiança entre autor e leitor, se era nessa coincidência de olhares e posições que se daria agora sua reconciliação.

Robbe-Grillet, tão infenso a generalizações, não se esforçou tanto em desmentir que se tratasse de uma escola do olhar. Seguidas vezes fez o elogio do adjetivo óptico, puramente expositivo, capaz de referir a superfície das coisas, "que deixou de ser para nós a máscara de seu coração". Com sua extrema afeição à essência da matéria, revelada apenas em sua superfície, e com a escansão total da cena que se dá em sua morosidade silenciosa, acabaria por se construir um mundo mais imediato, mais sólido. Pendularmente, talvez voltemos a nos aproximar do romance objetivo do século XIX, o romance abarrotado de coisas, com a diferença marcante de que agora os objetos resistem a qualquer atribuição prévia de valor.

"Que seja antes de tudo por sua *presença* que se imponham os objetos e os gestos, e que essa presença continue dominando, por cima de qualquer teoria explicativa que tentasse encerrá-los num sistema de referência qualquer, sentimental, sociológico, freudiano, metafísico ou outro."¹³ Nisso parecia se refletir, uma vez mais e talvez com mais potência, algo que havíamos visto em Macedonio Fernández: a vontade de fazer do romance não mais a representação do mundo das coisas, e sim mais uma entre as coisas do mundo que só representam a si mesmas. Vemos então uma primeira maneira em que esse romance da reascensão propõe uma interface mais direta com as múltiplas instâncias do real. De um falso realismo a um pertencimento literal à realidade tangível — era isso o que o novo romance conquistaria por meio de sua simples presença.

Mas estará esse novo romance, no tempo em que escrevo este texto, tão presente assim entre nós? Tais romancistas, tão zelosos com os efeitos de sua escrita, tão dedicados a uma teorização diligente, terão sobrevivido bem à passagem das décadas? Certa infrequência de seus nomes no debate contemporâneo sobre o gênero pode sugerir para essas perguntas uma resposta negativa, quase melancólica. E se esse anseio de estar presentes acabou decorrendo em sentidas ausências, outras questões vêm à tona. Vivemos ainda a era da suspeita? Permanece o leitor tão desconfiado quanto há meio século? Ou estará hoje muito mais propenso a se deixar absorver pela ilusão, a se entregar a uma trama convincente? E mais: terá sido o esquecimento desses autores uma consequência natural de seus projetos, a superação que eles mesmos antecipavam, que até julgavam necessária ou benquista, ou terá acontecido, em vez disso, por alguma força reacionária do gênero, um descrédito do novo, uma desistência?

Cumpre alertar, porém, que essas questões de permanência são sempre fluidas e incertas, nunca adquirem a retidão do indiscutível. Podem ser poucos os romancistas que se valem dos procedimentos empenhados por esses autores, tudo bem, mas talvez não sejam tão poucos assim os que ainda compartilham de sua opção pela instabilidade, pela radicalidade, pelo risco. Mesmo que os frutos de tal risco sejam, por ora, na hipermetropia do imediato, bastante indistinguíveis, mesmo que predomine amplamente a tendência contrária, nada parece garantir que essa opção seja incompatível com os tempos que vivemos, que não haveria espaço algum para o exercício da exceção. Tristes tempos seriam os que não pudessem comportar o novo como proposta e como condição; tristes gerações as que não soubessem responder à exortação atemporal de Sarraute:

> Pode acontecer que alguns indivíduos isolados, inadaptados, solitários, morbidamente apegados às suas infâncias e curvados sobre si mesmos, cultivando um gosto mais ou menos consciente por certa forma de falha, abandonados a uma obsessão aparentemente inútil, venham a arrancar e trazer à luz uma parcela de realidade ainda desconhecida. Suas obras, que procuram fugir de tudo o que é imposto, convencional e morto, para se voltar para o que é livre, sincero e vivo, serão inevitavelmente, cedo ou tarde, o fermento da emancipação e do progresso.[14]

O MÁGICO

Mas é possível que o romance não seja apenas um entre tantos objetos do mundo, mais uma das coisas que só representam a si mesmas. É possível que não queira se amesquinhar nesses limites, que não se dê por satisfeito com sua existência chã, que nunca chegue a abdicar de um mínimo desejo de transcendência. Houve quem dissesse justamente o contrário, Cortázar, por exemplo: "enquanto as artes plásticas põem novos objetos no mundo, quadros, catedrais, estátuas, a literatura vai se apoderando paulatinamente das coisas (o que depois chamamos 'temas') e de certa forma as subtrai, rouba-as do mundo".[15] Entre o romance e o real, o nexo mais natural seria assim o da usurpação, pelas mãos hábeis de um romancista prestidigitador.

O romance seria então, segundo Cortázar, um empreendimento coletivo destinado à "conquista verbal da realidade". Objeto por objeto, fragmento por fragmento, cada livro realizaria a redução do mundo concreto à dimensão do verbal, a captura gradual de tudo o que exista ao seu redor, uma mesa, um quarto, uma casa, e o homem ali sentado que delineia essas palavras. Para conhecer é preciso nomear, e é nomeando que esse homem começa a se conhecer, é nomeando que ele pode se aproximar de si, conquistar, quem sabe, a si mesmo. Estranha visão para se expressar nesse tempo: havia muito talvez não se ouvisse tal otimismo, tal confiança na apreensão do real pelo artifício das letras.

Ninguém pense que se tratasse de desinformação ou ingenuidade. Cortázar conhecia bem a trajetória metamórfica do gênero, a constituição de uma linguagem própria para o romance em seus primeiros séculos, sua consolidação como um instrumento de consciência, um "produto de vigília, de lucidez", e conhecia bem as muitas manifestações de ansiedade e inquietude formal do século em que lhe coube viver. Interpretava o novo contexto, porém, não como uma regressão que levaria à ruína e à mudez, não como uma crise improdutiva e estéril, mas como uma oportunidade premente, a ocasião perfeita para uma audaz libertação da forma romanesca.

Era "um passo de incalculável importância, a incorporação da linguagem de raiz poética", o romance a se livrar enfim de seus pendores racionais, de suas lógicas austeras, o romance a promover o ainda necessário "fuzilamento pelas costas de Descartes". O que se exige agora do romancista é uma atitude poética, contrária ao romance à primeira vista, que já não tente explicar o mundo como tentou por tanto tempo. Se quer chegar a compreendê-lo em algum momento, é o que propõe Cortázar, deve abdicar da ambição de compreender e deixar que o romance seja mais do que isso, deve promover uma "ação das formas" muito mais livre e aberta, única possibilidade que tem caso queira dar conta da "presença avassaladora da realidade informe e inominável".[16]

Não há de ser acaso ou coincidência que leitores e críticos europeus tenham resolvido erguer a cabeça a partir dos anos 1950, esgotados do esgotamento do gênero que consideravam seu. Se a literatura parecia se interromper por aquelas terras, ou se desentender do mundo encerrada em seus próprios problemas, bastava atravessar um oceano e importar uns quantos romances dessemelhantes para que a desejada vitalidade editorial se restabelecesse. Aqui o inominável da realidade tinha outra natureza: não era feito da desolação que calara Beckett e obrigara seus admiradores a acompanhá-lo no silêncio. Aqui o fracasso da razão não levava à dissolução do discurso — parecia muito mais o ensejo para a construção de um discurso diferente, para o exame criativo da desrazão, a exploração narrativa de tudo o que escapasse ao pensamento.

"Vocês que não veem, pensem naqueles que veem", foi a frase evocada pelo cubano Alejo Carpentier no prefácio ao seu romance dessemelhante, *O reino deste mundo*. Nesse texto que já se fez célebre, explicitava-se pela primeira vez a noção de que as categorias consabidas do real não eram capazes de dar conta da especificidade latino-americana, de que aqui se requeria uma versão enriquecida da realidade, uma ampliação de sua escala, o real um átimo mais próximo do milagre. Estava no Haiti quando se deu conta dessa impureza que exigia um real adjetivado, mas soube de partida que aquilo não se reduzia à situação do país, que respondia a uma tendência muito mais vasta: "A cada passo eu encontrava o real maravilhoso. Mas pensava, além disso, que essa presença e vigência do real maravilhoso não era privilégio único do Haiti, e sim patrimônio da América inteira". "O real maravilhoso se encontra a cada passo nas vidas dos homens que inscreveram datas na história do continente."[17]

Cunhava-se ali o conceito que se difundiria por toda parte, em textos teóricos e ficcionais. Esse continente que tão longe estava de esgotar a exploração de seu caudal de mitologias, de seu vasto repertório de cosmogonias, estabelecia nesse instante uma noção preponderante, um mito imediato: era a terra fértil do realismo mágico. "Eu sou um escritor realista", logo diria García Márquez, "porque acredito que na América Latina tudo é possível, tudo é real." Todo o universo de seus livros, todo o mundo inusitado dos livros de Rulfo, de Asturias, de Fuentes ou de Vargas Llosa, todo um inventário de ocorrências fantásticas, fantasiosas apenas em aparência, estaria plenamente calcado em uma extravagante realidade diária. Era, segundo ele, uma "irrealidade demasiado humana", "o realismo do irreal": "A irrealidade da América Latina é uma coisa tão real e tão cotidiana que se confunde totalmente com o que entendemos por realidade".[18]

Quem lê as obras de García Márquez dificilmente imagina quanto estão fundamentadas em sua vida, quanto atendem a um forte ímpeto autobiográfico. Ao menos foi nisso que o colombiano insistiu sempre que pôde, em diálogos, comentários, entrevistas e mesmo em sua longa autobiografia assumida — centenas de páginas dedicadas a minuciar correlações infinitas entre ficções e vivências. Macondo, o povoado imaginário de seus principais livros, seria a mais pessoal das aldeias universais. Muito mais que imaginado, teria sido reconstituído em detalhes por uma vasta memória coletiva — sua e de seus avós e de suas tias — da fundação, do crescimento e da ruína do vilarejo de Aracataca. A casa onde se passa quase toda a trama de *Cem anos de solidão* não seria mais que a casa de sua infância, cada quarto assombrado por um específico antepassado, que o espreitava escondido sob os olhos dos santos.

Como entender, então, uma miríade de ocorrências inconcebíveis em meio a uma épica já bastante improvável, personagens que se fazem quase imortais enquanto outros se enfileiram em longas sequências de duplos, guerras intermináveis seguidas de imensos dilúvios, uma epidemia geral de insônia e tantos outros males inauditos? Como aceitar que toda essa desmesura, esse trânsito livre entre a vigília e o sonho, entre o possível e o impossível, essa fartura de milagres e maravilhas, deva ser assimilada como um fruto a mais, como outros que conhecíamos, do realismo? Como encarar um romance tão imaginativo cujo autor, todavia, se aferra à afirmação de ter sido fiel ao mundo, a ponto de ser incapaz de enganar sequer a si mesmo, convicto de que "quanto mais sincero for, mais impacto e mais poder comunicativo tem o romance"?[19]

Um dos momentos cruciais de sua existência, García Márquez relembraria décadas mais tarde, havia sido a leitura precoce de *A metamorfose*, de Kafka, a descoberta desde a primeira linha da possibilidade de se construir uma narrativa plenamente verossímil, pontuada apenas por uma inverossimilhança fundante. Para isso não era preciso muito, bastava que o narrador, recusando a descrença que outros lhe imputavam, encontrasse o tom certo de sua autoridade. "Não era necessário demonstrar os fatos: bastava que o autor o tivesse escrito para que fosse verdade, sem mais provas que o poder de seu talento e a autoridade de sua voz. Era de novo Sherazade, mas não em seu mundo milenar em que tudo era possível, e sim em outro mundo irreparável em que tudo já se tinha perdido."[20] O mundo irreparável de García Márquez e seus contemporâneos era repleto de peculiaridades — a inverossimilhança fundante de cada uma de suas obras não era nada mais que a realidade latino-americana.

O reino deste mundo talvez não tivesse sido tão abandonado por deus quanto aquele outro, era o que se podia cogitar, ou aqui eram outras as forças ocultas que reinavam. E, se isso fosse verdade, talvez não se aplicassem nesse caso todas as restrições à narrativa estabelecidas no curso da história, todos os dogmas do romance instituídos e logo abandonados, todo o conjunto de prescrições e interditos que haviam conduzido o gênero ao seu impasse. Aqui o narrador preservava sua autoridade, o tempo podia transcorrer sem desconfianças de memória, o espaço era tão amplo que se fazia quase insondável, as intrigas de amor e de política tão benquistas quanto a corporeidade dos personagens. *Cem anos de solidão*, alardeou-se, era um imenso acontecimento literário que alterava a trajetória de sua arte, que embaralhava épocas distintas e dava fim ao fim anunciado. Isso quem declarou foi seu colega Vargas Llosa:

> Com sua presença luciferiana, este romance que tem o mérito pouco comum de ser, simultaneamente, tradicional e moderno, americano e universal, volatiliza as lúgubres afirmações segundo as quais o romance é um gênero esgotado e em processo de extinção. Além de escrever um livro admirável, García Márquez — sem se propor a isso, talvez sem saber — conseguiu restaurar uma filiação narrativa interrompida há séculos, ressuscitar a noção larga, generosa e magnífica do realismo literário que tiveram os fundadores do gênero romanesco na Idade Média.[21]

Na riqueza incomparável daquele universo ficcional, daquele mundo feito de tantos prodígios e disparates, o romance vencia seu longo périplo de privação e desgaste, superava sua insistente supressão de liberdade ao narrar — e se permitia, sim, enfim, narrar. Para retomar sua longínqua vocação, o romance tinha que negar tudo o que chegara a ser até ali, negar, como vimos, seu próprio histórico de negações. Tinha que remontar a um período até anterior ao seu, quando seus alicerces não eram tão firmes assim, quando sua forma era ainda maleável, passível de novos moldes, quando seu futuro parecia um horizonte infranqueável. Para chegar a ser o que dele se esperava, o que foi alguma vez sua quimera, o romance precisava inclusive reinventar suas origens, recriar sua própria história:

> E eis que um colombiano vagamundo, agressivamente simpático, com uma cara risonha de turco, alça seus ombros desdenhosos, manda passear quatro séculos de pudor narrativo, e torna seu o ambicioso desígnio dos anônimos bruxos medievais que fundaram o gênero: competir com a realidade de igual para igual, incorporar ao romance tudo quanto exista na conduta, na memória, na fantasia ou nos pesadelos dos homens, fazer da narração um objeto verbal que reflete o mundo tal como ele é: múltiplo e oceânico.[22]

Mas não seria esse um passo desastrado, um movimento um tanto injustificado, excessivo, contrário à libertação das formas preconizada por Cortázar? Não estaria o romance rejeitando tudo o que tivera de mais importante, de mais crítico, de mais artístico? Não se igualaria, desse modo, a tantos pastiches de romance que sempre existiram com o mais alienado dos propósitos? E, afinal, o que haveria de tão especial no contexto latino-americano que legitimasse tal transformação de raciocínios, tão extrema alteração de rota? Tão diferentes assim eram as desgraças do continente, suas misérias, suas tiranias, suas guerras?

Acompanhando o pensamento de Vargas Llosa, talvez possamos observar o ponto em que sua lógica se torna questionável, em que já não condiz com a nossa sensibilidade. Para escrever seu próprio livro, *A casa verde*, em busca da suposta essência latino--americana, conta o romancista ter viajado longas horas para chegar aos grotões da Floresta Amazônica. Ali crê ter encontrado o cerne do exotismo, o irrealismo tão real desses países: "a antiga, colorida e estridente vida bárbara", a vida como "algo atrasado e feroz", "tribos que ainda não entraram na história, instituições e costumes que parecem sobrevivências medievais".[23] Em seu olhar de homem branco e letrado da capital, é o que percebemos, a diferença de perspectiva distorce espaços, tempos, identidades: o remoto se faz antigo, o marginal se faz medieval, o indígena se faz bárbaro.

O mínimo que se pode dizer desse pensamento, se não quisermos tachá-lo de preconceituoso e antiquado, é que se trata de uma interpretação equivocada: simplifica complexidades, nacionaliza generalidades, essencializa uma série de mazelas históricas e sociais. Seria um engano menor, pouco digno de menção, se não estivesse na base do que interessava aos leitores da época, e do que talvez interesse a muitos leitores ainda hoje, e se não estivesse na base do processo de canonização desses autores. Se a existência nas grandes metrópoles já não comporta aventura ou drama, apela-se à experiência alheia para fabricar tramas mais cativantes. O escritor remete seus anseios criativos a uma alteridade distante, idealizada, confiando que assim estará a salvo da crise deixada por seus predecessores. Cria-se, tal como dizia Hal Foster sobre o artista etnógrafo, a "fantasia primitivista" de que o outro habitaria a verdade, de que o outro teria "acesso especial a processos psíquicos e sociais" vedados ao escritor e ao leitor, ambos imersos demais na decadência da civilização regrada.[24]

Passadas algumas décadas, não é difícil constatar quanto essa imagem se tornou o grande estereótipo da sociedade latino-americana, esperando-se de seus produtos culturais pouco mais que a confirmação desse retrato. Seus autores serão aceitos e assimilados por um espectro muito maior de leitores quanto mais atenderem a essas expectativas, quanto mais se valerem de uma narrativa imaginosa com o fim de revelar a miséria, a violência, o atraso. Os que fogem desses temas e desses modelos já domesticados, talvez para preservar alguma autenticidade em seus discursos, tendem a ser ignorados. Essa distinção não é recente, remonta ao mesmo boom editorial de que falávamos: no mesmo momento em que se incensava a obra de García Márquez, de Fuentes, de Vargas Llosa, excluía-se a complexidade transcultural de Arguedas, desprezava-se a modernidade de Onetti.

Mas essas já são questões de mercado, pouco afins à literatura. De tudo o que produziram esses escritores, de toda a riqueza de suas ideias e suas histórias, essa visão caricata de seus próprios países talvez tenha sido o mais desinteressante de seus aportes. Muito mais importante foi a recuperação inesperada de uma confiança na ficcionalidade, a concepção da narrativa como ato de sedução, ato de magia que expande a perder de vista os limites do real. "Eu já suspeitava, mas então soube de maneira flagrante e carnal: a 'verdade real' é uma coisa e a 'verdade literária' outra, e não há nada mais difícil que querer que ambas coincidam", disse Vargas Llosa quando ninguém mais lhe exigiu um realismo convencional.[25]

Que ninguém mais reivindique, então, uma rígida sujeição da narrativa à realidade depauperada — agora, uma infinidade de escritores, da América Latina ou de qualquer outro lugar, já não deixam que se suspenda tão fácil essa velha máxima. Nenhum respeito excessivo à indigência de sentidos que a vida traz: cada autor, com seu poder de persuasão, com as virtudes de sua linguagem, saberá fantasiar como lhe cabe uma rica variedade de significados. Nenhuma solenidade ante os rigores do documental: o romance é o gênero amoral, não porque deva representar com precisão e sem juízos de valor a sociedade que usurpa para a obra, mas porque faz da mentira e da verdade conceitos contingentes, totalmente maleáveis. Todo mau romance mente, todo bom romance diz a verdade, atribui-lhe Vargas Llosa uma ética própria.[26] Nunca tão conveniente a amoralidade do romance, nunca tão livre o romancista para criar o que bem lhe agrade.

## O HÍBRIDO

Mas, para além de qualquer fuga desarrazoada, para além de qualquer tentativa de escape temporal ou geográfico, há uma literatura que não deseja se desfazer do passado, que não sucumbe tão rápido à ambição de superá-lo, ao risco de recalcá-lo. Há romancistas que recolhem o passado como seu fardo inexorável e por seu peso se deixam curvar — criando obras que reproduzem em sua forma as marcas dessa postura corporal. Para estes, o corpo do romance trará sempre uma série de cicatrizes, de suas velhas batalhas públicas ou de suas íntimas mutilações. Para estes, o impasse não se desmancha com um toque de mágica, o silêncio não se revoga com um mero grito de liberdade.

O silêncio foi o que marcou a infância do pequeno W. G. Sebald, nascido em 1944 em plena Alemanha devastada pela guerra. Conta um Sebald crescido ter vivenciado durante muito tempo a sensação de que algo lhe era escondido, em casa, na escola, ou mesmo nos livros que devorava com a vã esperança de que revelassem um segredo há muito acobertado. Com os escritores alemães, logo percebeu, não poderia contar. Aquilo que ele queria descobrir, algo sobre a tragédia que antecedera sua própria vida e que a delineava de tantas formas, aquilo que constituía em simultâneo o horror maior e a humilhação maior de seu país, aquilo que era a palavra fundamental sobre sua existência e a existência de seus conterrâneos, aquilo estava ausente de todas as páginas disponíveis nas muitas bibliotecas da cidade.

A reconstrução alemã, supôs, "impediu de antemão qualquer recordação do passado, direcionando a população, sem exceção, para o futuro e obrigando-a ao silêncio sobre aquilo que enfrentara". Era a um só tempo um déficit de memória e um déficit de linguagem. A experiência traumática parecia excluída de toda retrospectiva pessoal, como se um imenso contingente de pessoas tivesse perdido a capacidade psíquica de recordar, como se nada daquilo pudessem confessar sequer intimamente a si próprios, como se rendidos a uma máquina coletiva de recalque. E, em seus escassos relatos sobre as culpas e agruras do passado, despontava sempre "algo de descontínuo, uma qualidade peculiarmente errática", ou então um conjunto de expressões prontas cuja função era menos revelar do que escamotear qualquer fato contundente, como se a experiência real do horror e da desumanidade não devesse ser traduzida em palavras.[27]

A isso houve quem quisesse chamar de "o irrepresentável", sobretudo em referência ao Holocausto, mas há algo de contraditório em tal subjetivação porque o Holocausto tem sido, desde seus nefastos tempos, por toda parte, uma das ocorrências mais exploradas em ficções livrescas e cinematográficas. A insuficiência que sentia Sebald talvez fosse de outra ordem. Aquelas muitas ficções retratando a barbárie, estrangeiras em sua maioria, não passavam nem perto de satisfazer sua busca imemorial por uma revelação inaudita. Traziam até algo de indecoroso: tomem cuidado, leitores, ele recomendou, com os ficcionistas que se valem de uma suposta neutralidade estética para descrever tais cenários de terror, "Paris ardendo em chamas, uma vista magnífica", "Frankfurt queimando, uma imagem horrenda e bela".[28]

A uma tal estetização, que roubaria da literatura sua legitimidade, o escritor que quisesse abordar esses acontecimentos devia contrapor um mínimo de objetividade, num contexto em que "o ideal do verdadeiro se mostra como a única razão legítima para o prosseguimento da atividade literária".[29] Se queria, então, suplantar enfim o silêncio e construir algum retrato válido, devia contrariar as tendências que o cercavam e abdicar de efeitos falsos, belas imagens, jogos de linguagem, seduções falaciosas. A partir desse instante, a ficção estaria sempre sob suspeita, não aquela de que falavam os jovens franceses em décadas já passadas, mas uma suspeita de caráter moral. Em face de tais mentiras literárias, muito mais aceitável era o silêncio — a ignorância e o esquecimento eram ainda, afinal, direitos invioláveis. Contra tais mentiras da ficção, a literatura devia se aferrar cada vez mais a um "estilo documental", em sua atenção cuidadosa a "um material incomensurável para a estética tradicional".[30]

Não será surpreendente, já o fizemos antes, associar aqui a ruína do território europeu à ruína do romance. Se a crise do gênero, em seu momento mais agudo, guardava uma relação visceral com a crise do continente corroído pela guerra, é presumível que a reascensão em ambos os campos venha a guardar vínculos semelhantes. Um apego à memória e à verdade ajudaria os países a lidar com seus respectivos traumas, é o que Sebald parece defender. O mesmo apego, depreendemos, contribuiria muito no esforço do romance para lidar com seu próprio trauma, para fechar a ferida aberta em sua forma — a ferida que permanecia aberta desde a radical implosão do gênero. Diante da insuficiência que se verifica na ficção nesse novo contexto, o real acode para devolver ao romance sua relevância. Um real transformado, porém: não a velha tentativa de emular o mundo numa ficção convincente, ou de aprimorá-lo em sua reinvenção fantasiosa, mas um real acessado de maneira direta, convocado a participar da ficção para que não a deixe incorrer em impertinência.

Romance e testemunho do mundo se fundem ou se confundem como poucas outras vezes. O romance se faz um gênero híbrido, se aproxima do ensaio, da reportagem, da autobiografia, do relato historiográfico, dessas outras formas que já lhe pertenciam, mas assemelhando-se a elas como em nenhum outro tempo. Nos romances de Sebald, pouco distinguíveis de seus ensaios, vemos a aparição do próprio Sebald, ou de um sujeito chamado Sebald, acometido quase sempre por uma vertigem ou um mal-estar, a vagar pelas ruas como quem vaga por pensamentos, a deixar que a narrativa vagueie consigo por seus mesmos limites incertos. Enquanto passeia aparentemente sem norte, o romancista tira fotos do que vê e as insere entre suas palavras, imagens insignificantes em sua maioria, e que, no entanto, dão ao romance uma autenticidade quase sem precedentes, um profundo efeito de real — questionável, no limite, pois sabemos que o autor amiúde inventa contextos para tais imagens, forjando para elas uma gênese.

Em *Austerlitz* e *Os emigrantes* é que vemos de maneira mais certeira o romance a empregar esse procedimento para referir as muitas reverberações da guerra e seu trauma persistente. Aqui o romancista minimiza o espaço de seus próprios trajetos e passa o foco ou a palavra a outros sujeitos, vítimas silenciosas daqueles duros acontecimentos, ou testemunhas distantes cujas lembranças já fraquejam. Quase tudo se consome em certa desolação, refletida também na melancolia das imagens que o autor acrescenta. Algum escrúpulo o impede de fazer um retrato cru daquelas ocorrências, que a narrativa parece cercar com alguma hesitação — desconfiando, como o narrador reconhece, de sua capacidade de fazer jus ao objeto e da assertividade possível a qualquer escrita.[31] Mesmo nos escritores mais diligentes, Sebald dirá mais tarde, ou sobretudo neles, há a suspeita da inutilidade de todo esse processo, "a suspeita de que não somos capazes de aprender nada na desgraça".[32]

Entre o autor e o leitor, na experiência efetiva das obras, parece que se constrói um novo pacto, um pacto ambíguo em lugar do ficcional — ou se resgata ao pacto ficcional uma longínqua ambiguidade. É o retorno, talvez, de uma confiança na fidedignidade do relato, à maneira de Defoe com seu Robinson Crusoé, mas internalizada na própria obra, sem a necessidade de alardeá-la em introduções e prefácios — aqui são as imagens, entre outros fatores, que desempenham esse poder persuasório. Numa trajetória inesperadamente cíclica, então, o romance da reascensão retoma o gesto fundamental da ascensão do romance, embaralhando, aos olhos do leitor, as percepções de ficção e realidade. E, de forma curiosa, já não é a convicção com que o autor defende a veracidade do narrado o que confere ao romance sua legitimidade: agora, tanto mais legítimo e veraz será o autor que desconfiar de si próprio.

Sebald pode ser pensado como um caso à parte, é claro, um ficcionista peculiar que desconfia da própria ficcionalidade, de novo como Defoe, mas talvez seja mais interessante não o tomar como exceção, e sim como exemplo emblemático de uma nova disposição literária. Por toda parte, agora, uma série de romancistas têm cruzado com liberdade as fronteiras tortuosas entre ficção e realidade, entre ficção e memória, entre ficção e testemunho pessoal, fazendo proliferar amplamente o hibridismo das autoficções. Por toda parte, também, nas mais diversas sociedades, nos mais diversos regimes, um conjunto grande de escritores vem se incumbindo de promover uma reflexão sobre as repressões várias, as violências oficiais, as incontáveis formas de autoritarismo, os muitos traumas históricos. Por toda parte a literatura tem se ocupado de combater o déficit de memória e a sordidez da linguagem institucional, enfrentando, ainda que tardia e quiçá inutilmente, a máquina coletiva de recalque.

Max Ferber é um dos emigrantes cuja existência errática e melancólica Sebald explora em seu romance. Numa passagem não muito enfática, o autor se detém para descrever em detalhes algo do trabalho de Ferber, um artista plástico que executava suas obras num sistema bastante particular. Para criar seus retratos, Ferber aplicava uma grande quantidade de tinta sobre a tela e ia raspando o excesso, o tempo todo acometido pela suspeita de que o pó que se acumulava no chão, o pó que lhe era muito mais íntimo que a luz, o ar ou a água, o pó talvez representasse "o verdadeiro resultado de seus esforços continuados e a prova mais cabal de seu fracasso". Olhando a tela, porém, Sebald se surpreendia sempre ao ver "um retrato de grande vividez com as poucas linhas e sombras que haviam escapado à destruição", e se admirava, ainda uma vez, ao perceber que Ferber continuava a destruir a obra mesmo depois disso, nunca chegando à certeza de tê-la, por fim, acabado.[33]

O que eu me pergunto, ao ler essas páginas, é se Sebald e tantos romancistas do híbrido não estarão escrevendo hoje como Ferber pintava, valendo-se somente das sobras e do pó, de tudo o que ainda lhes seja íntimo, dos resquícios indigentes que o real lhes concede para que possam compor uma ficção vívida — uma ficção que ainda guarde algum valor, alguma urgência. E me pergunto também se não será esse o movimento do romance de maneira geral, se o romance se constrói hoje com as sobras de sua própria destruição, e se o que se cria a partir das sobras só se cria para que seja destruído depois.

Há alguma estranheza, não se pode negar, na forma que o romance assume quando se faz o receptáculo dessas sobras, há alguma estranheza no romance que não se desfaz de sua longa história. O romance traz em seu corpo as muitas marcas das convulsões passadas, dissemos, e é inevitável que isso resulte em obras por vezes angulosas, insólitas, obras que parecem se perder em alguma excentricidade. A velha leitora dos romances ingleses, que tanto mencionei, teria dificuldade em entender por que alguns livros se fizeram tão incomuns, tão diferentes das narrativas costumeiras. Um leitor do futuro talvez se surpreenda da mesma maneira: é possível que venham a lhe parecer arbitrários e exóticos muitos dos romances que têm composto um cânone do presente.

Falamos ainda de exceções, é evidente, de livros que não participam da retomada dos velhos sistemas de representação, da retomada dos métodos do romance convencional, da recuperação de um modelo que, vimos, nunca chegou a existir ou a vigorar plenamente. Para esses livros excepcionais, as diretrizes principais de tal modelo inexistente já não seriam atingíveis: eles nunca seriam capazes de reproduzir aquela ordem e aquela transparência, seus muitos fragmentos nunca chegariam a constituir um todo coeso, suas obscuridades turvariam sempre qualquer sentido mais límpido e direto.[34] Acompanho nessas linhas algo da definição que J.M. Coetzee deu para os clássicos. Algo que para ele se perdera:

> Houve um tempo em que sabíamos. Costumávamos acreditar que quando um texto dizia "Havia um copo d'água sobre a mesa", havia de fato uma mesa com um copo d'água sobre ela, e bastava olharmos para o espelho-palavra do texto para vê-los. Mas isso tudo terminou. O espelho-palavra se quebrou, irreparavelmente ao que parece. [...] As palavras na página não mais se levantarão nem serão levadas em conta, cada uma proclamando "Significo o que significo!".[35]

Essas palavras — que talvez enunciem uma ruptura permanente, a resiliência da crise, a impossibilidade de uma efetiva reascensão do gênero — foram alinhavadas por Coetzee, mas não podem ser atribuídas a ele. Quem as disse foi uma personagem sua, Elizabeth Costello, romancista como ele, uma figura em que muitos querem identificar seu alter ego, mas o rigor nos impede de afirmar algo assim. Se aqui cito a opinião de Costello é para destacar a complexidade que as questões teóricas adquirem nestes tempos, a ambivalência do narrador autoficcional que nunca chega a ser de fato confiável, a dubiedade de suas ponderações estéticas quando concebidas nesse contexto. Houve um tempo em que podíamos afirmar. Hoje, se seguimos Costello, nem sequer podemos acreditar com muita força no ato de acreditar.[36] Hoje, as declarações assertivas estão em xeque, são instáveis e imprecisas, sujeitas às suas contingências, indiscerníveis de suas circunstâncias. Hoje e talvez sempre.

*Elizabeth Costello* é um livro estranho: o que lemos não é propriamente a vida de sua protagonista, ou os movimentos de sua consciência, mas um conjunto de reflexões sobre oito temas, argumentações que ela desenvolve em palestras ou jantares. Nesse livro estranho, semelhante a poucos outros de Coetzee, ficção e real estão mesclados mais uma vez, o ensaio contamina o romance e se deixa contaminar por ele a todo momento. É nos domínios da incerteza, assim, que o autor ou sua personagem se apresentam, discutem suas identidades agora mais inconsistentes, expõem suas ideias sobre um inevitável falseamento, por muito que o autor queira se ater ao verdadeiro:

> Essa é a situação em que apareço diante de vocês. [...] Acreditamos que houve um tempo em que podíamos dizer quem éramos. Agora, somos apenas atores recitando nossos papéis. O fundo caiu. Poderíamos considerar trágico esse evento, não fosse pelo fato de ser difícil respirar um fundo que cai, seja ele qual for — isso agora nos parece uma ilusão, uma dessas ilusões sustentadas apenas pelo olhar concentrado de todos da sala. Removam seu olhar apenas um instante, e o espelho cai ao chão e se parte.[37]

O mesmo procedimento que devia dar ao romance a ilusão da verdade, o hibridismo de sua forma a romper a impertinência da ficção, constrói aqui o efeito contrário. A dúvida, que devia ser um elemento essencial de sua confiabilidade, alcança tal magnitude que se faz soberana: por força de muito duvidar de si e de sua busca pela verdade, o autor acaba por incidir na percepção de uma falsidade irremediável, na certeza renovada da impossibilidade de apreensão do real, no cinismo de insistir em simulá-lo. No hibridismo das autoficções, a dimensão ficcional não perde seu espaço, é possível até que o tenha inflado. Se outros romances deste tempo, os que se querem convencionais, não passam de cópias de um original ausente — não passam, portanto, de simulacros —, um mal semelhante acaba por se processar também em seus antípodas. São simulacros os livros estranhos, são simulacros as autoficções, porque a realidade que querem acessar é sabidamente inacessível, porque o mundo que querem refletir é um mundo ausente.

Coetzee parece transitar entre ambos os regimes, se é que eles se mantêm tão diferentes assim. Enquanto as duas primeiras partes de sua trilogia autobiográfica, *Infância* e *Juventude*, traziam o narrador mais tradicional dos tais romances realistas, na terceira parte, *Verão*, é a outro recurso que ele apela. Inventa um biógrafo interessado em recompor a trajetória de um falecido John Coetzee, e por meio de entrevistas traz à tona cinco depoimentos sobre o escritor sul-africano, cinco testemunhos sobre certo período de sua vida. Se a autobiografia já chegara a ser um modo de vasculhar uma identidade própria, de interrogar em palavras o sentido de sua existência, aqui ela confessa e alardeia seu caráter fictício. Coetzee inverte a equação costumeira: já não é o escritor quem inventa personagens que representem a si ou a outros sujeitos, já não é o próprio a se projetar no alheio; agora é o outro quem toma a palavra para falar dele. A alteridade é convocada para que ele fale de si, mas nesse gesto se explicita o artifício patente, perde-se qualquer ilusão da realidade quando é o escritor quem cria a voz do outro que o descreve.

Voltamos sempre à questão da autoridade. No romance, diz Coetzee, a voz que fala a primeira frase, depois a segunda, a voz que chamamos de narrador, não tem de partida competência nenhuma, aprovação nenhuma: "A autoridade tem de ser conquistada; sobre o romancista pesa o ônus de construir, do nada, essa autoridade".[38] Os grandes autores de outro tempo seriam mestres na constituição desse efeito ilusório, por isso ainda enxergamos em seus textos uma perfeição que não está lá, alguma ordem e alguma transparência, uma coesão e uma limpidez que não passam de miragens ou de quimeras. Coetzee não o diz, mas ao autor contemporâneo talvez caiba um gesto diferente: ele reconquista a atenção que se perdeu, constrói a duras penas sua autoridade, apenas para revogá-la na página seguinte — sendo esse o movimento destrutivo que lhe resta.

Se assim fazem tantos deles, se parecem abdicar por conta própria dos frutos de um esforço considerável, é pela percepção de que nenhum recurso antigo pode ser de fato retomado, de que tudo o que ressurge em novo cenário ressurge ineslutavelmente distinto. Ao escritor contemporâneo restaria a sina de Pierre Menard tal como descrita por Borges: por mais que tente recriar as qualidades perdidas do romance, por mais que tente recuperar seus atributos extraviados, acaba sempre por reinventá-los no frescor da página, acaba sempre rendido às condições de sua própria época, confinado aos limites de sua atualidade. São complexas as relações entre presente e passado, já aprendemos. Compreender o passado é compreendê-lo como "uma força de conformação sobre o presente",[39] Coetzee define, uma força que comprime muito mais do que liberta, deduzimos, mas que nunca chegamos a entender em sua plenitude porque está mais em nós do que nos abstratos dias pretéritos.

"O passado também é uma ficção. O passado é história, e o que é a história senão um relato feito de ar que contamos a nós mesmos?"[40] Leio a frase de Costello e volto a me dar conta da evidência: o passado que reinventei neste ensaio é tão frágil que se desfaz em pó e se dissolve no ar, tão impalpável quanto suas ideias sinuosas, tão ficcional quanto seu objeto. Também eu não posso ser mais que um Pierre Menard confinado em meu presente, incapaz de apreender o que esses livros foram em seu tempo, distorcendo-os como me convém. O que aqui puderam me dizer esses romances que evoquei, eles não voltarão a dizer em nenhum momento. Eis a beleza da história concreta, inapreensível a este meu empenho, inapreensível às abstrações de qualquer teorização inconsequente: essas obras serão sempre novas, sempre intocadas por algum pensamento, suas imagens e suas palavras intactas, irredutíveis aos conceitos que alguém queira lhes atribuir.

"A teoria da literatura revela a sua total incapacidade em relação ao romance"[41] — quem me condena, ou quem me alivia ao me unir a tantos outros que naufragam, é Bakhtin. Poderia estar falando ainda sobre a indeterminação que marca essa matéria, sobre a impossibilidade de assimilar sua multiplicidade num conceito único e sumário, sobre seu caráter irredutível inclusive à noção de gênero, que me privei de criticar nestas páginas, mas aqui talvez haja algo mais a dizer.

O esforço de traçar uma história do romance é o esforço de fixá-lo no tempo, em muitos tempos diferentes, de fazer dele o reflexo de alguns séculos consecutivos. Mas o romance não se deixa paralisar dessa maneira, os romancistas não aceitam que ele se resuma à comezinha representação de uma época, de seus costumes, seus desígnios, seus pensamentos. Nenhum romance aceita tampouco ser o representante de um regime estético, de um procedimento artístico qualquer, de um estilo de época, ou de uma etapa do gênero que algum crítico invente.

Do paradoxo partimos, o paradoxo vimos reproduzir-se em tantos momentos, no paradoxo encontro meu caminho para encerrar este texto. Paradoxalmente, é pela dependência extrema às circunstâncias de sua escrita que o romance se faz uma forma em mutação constante, em evolução permanente, sujeita tanto às convulsões do presente quanto à passagem impreterível do tempo. Tão profunda é sua historicidade que quase se pode extrapolar o argumento e dizer que o romance se eterniza, já que a história jamais se detém e convoca um discurso que a acompanhe a cada nova década, a cada novo século. E tão amorfo se fez o gênero ao longo de todo esse processo que não será difícil chamar de romances os novos discursos que o tempo exigir.

O horizonte do gênero, assim, se faz tão amplo quanto o futuro que possamos conceber, e qualquer declaração sobre seu fim será sempre um vaticínio improvável, quando não um grito histérico. Daí se depreende sua tendência ao inacabamento, sua recusa a encontrar um semblante definitivo, daí decorrem suas contínuas disputas por algo, um ínfimo traço, que prevaleça. "A ossatura do romance enquanto gênero ainda está longe de ser consolidada",[42] disse Bakhtin, e, se nisso acredito, só me resta lamentar a quantidade de afirmações precipitadas que me forcei a alinhavar até aqui.

Se é ainda tão aberto o futuro do romance, talvez tudo o que aqui descrevi não tenha sido mais do que a ampla ascensão de um regime maior, cujos limites e possibilidades ainda somos incapazes de prever. Seu presente seria então muito mais abrangente do que essa última sequência de tentativas falidas de assimilação do real; seu presente pode ser tudo o que mencionei desde a primeira linha e muito mais que eu não soube dizer. E se tão interminável assim é o futuro do romance, e tão larga a escala de seu presente, também seu passado se faz infinito, e passamos a conceber o gênero não como a forma preponderante de uma época, da modernidade a que me restringi, mas como um ímpeto maior, atemporal, ainda mais amplo do que tudo o que omiti.

De que ímpeto falamos quando falamos de um ímpeto é o que ainda cabe decidir. Permanece sem resposta a pergunta que me conduziu durante toda esta pesquisa, sem que eu mesmo o soubesse. Será o romance a forma desenvolvida do velho hábito de narrar, a suma tentativa de definir em palavras o curso indefinível da vida, de procurar a compreensão possível da existência indagando seus múltiplos sentidos? Ou será algo contrário a tudo isso, o estranho impulso de narrar com o fim de arruinar a narrativa, de indagar seu próprio sentido, o hábito tão velho quanto o outro, embora mais implacável, da autocrítica? Será o romance um espelho partido a refletir o rosto do mundo como ainda lhe é possível, para usar a imagem cara a tantos romancistas, ou será o romance o próprio rosto refletido no espelho, a observar suas feições com espanto até o fim dos seus dias?

# Agradecimentos

A Fábio de Souza Andrade, orientador beckettiano deste ensaio nos tempos em que ainda era tese. A Renato Prelorentzou, Lívia Bueloni Gonçalves, Carolina Mesquita, Dino Tsonis, Ivan Hegen, Lucas Paolo e outros colegas do grupo "O Romance e suas Crises", no qual aprendi muito sobre a infinidade do tema enquanto punha à prova, veladamente, algumas dessas ideias. A Abilio Godoy, Tiago Novaes, Roberto Taddei. A Rita Mattar, Julia Bussius e toda a equipe da Companhia das Letras, pela leitura atenta.

À Fê, em cujo olhar descubro a cada dia, com alegria e espanto, a ubíqua evidência de que o romance está vivo.

# Notas

O QUE É O ROMANCE? [pp. 11-32]

1. Marthe Robert, *Roman des origines et origines du roman*. Paris: Gallimard, 2009, p. 14.
2. Mikhail Bakhtin, "Epos e romance". In: *Questões de literatura e de estética: A teoria do romance*. Trad. de Aurora Fornoni Bernardini. São Paulo: Hucitec, 1988, p. 399.
3. Pierre Chartier, *Introduction aux grandes théories du roman*. Paris: Armand Colin, 2005, p. 19.
4. Georg Lukács, *A teoria do romance*. Trad. de José Marcos Mariani de Macedo. São Paulo: Duas Cidades; Ed. 34, 2000, p. 60.
5. Ibid., p. 106.
6. Ian Watt, *A ascensão do romance*. Trad. de Hildegard Feist. São Paulo: Companhia das Letras, 2010, p. 12.
7. Resumem-se aqui as principais características do romance em ascensão, tal como descrito por Ian Watt em "O realismo e a forma romance", primeiro capítulo de *A ascensão do romance*, op. cit., pp. 9-36.
8. "*Reality is continually established, by common effort, and art is one of the highest forms of this process*", Raymond Williams, citado em Sandra Guardini Teixeira Vasconcelos, *A formação do romance inglês: Ensaios teóricos*. São Paulo: Aderaldo & Rothschild; Fapesp, 2007, p. 42 ("A realidade é continuamente estabelecida por um esforço comum, e a arte é uma das formas mais elevadas desse processo", tradução do autor).

9. Georg Lukács, *A teoria do romance*, op. cit., p. 102.
10. Ibid., p. 107.
11. Ioan Williams, *The Idea of the Novel in Europe, 1600-1800*. Londres: Macmillan, 1979, p. 25.
12. Georg Lukács, *A teoria do romance*, op. cit., p. 107.
13. Aqui transitamos, mais uma vez, pelas ideias de Ian Watt em "O realismo e a forma romance", seguido de "Robinson Crusoé, o individualismo e o romance", ambos capítulos de *A ascensão do romance*, op. cit.
14. Michael McKeon, "Generic Transformation and Social Change". *Cultural Critique*, n. 1, pp. 159-81, outono 1985.
15. Georg Lukács, *A teoria do romance*, op. cit., pp. 117-22.
16. Erich Auerbach, *Mimesis: A representação da realidade na literatura ocidental*. Trad. de Jorge Sperber. São Paulo: Perspectiva, 1971, p. 414.
17. Sandra Guardini Teixeira Vasconcelos, *Dez lições sobre o romance inglês no século XVIII*. São Paulo: Boitempo, 2002, p. 34.
18. Recupero aqui algumas ideias de Northrop Frye, tal como descritas por Sandra Vasconcelos, em *A formação do romance inglês*, op. cit., pp. 48-51.
19. Sandra Vasconcelos, *A formação do romance inglês*, op. cit., p. 71.
20. Ibid., pp. 124-42 ("Romance e construções do feminino").
21. Jean-Paul Sartre, *Que é a literatura?* Trad. de Carlos Felipe Moisés. São Paulo: Ática, 2004, pp. 17-9.
22. Theodor Adorno, "Compromiso". In: *Notas sobre literatura III*. Madri: Akal, 2003.
23. Georg Lukács, *A teoria do romance*, op. cit., pp. 72, 133.
24. Charles Baudelaire, "Cada um com sua quimera". In: *Pequenos poemas em prosa*. Trad. de Gilson Maurity. Rio de Janeiro: Record, 2006, pp. 39-40.

A SUPOSTA ASCENSÃO [pp. 33-62]

1. Daniel Defoe, prefácio a *The Life and Strange Surprising Adventures of Robinson Crusoe, of York, Mariner* (1719), em Sandra Guardini Teixeira Vasconcelos, *A formação do romance inglês: Ensaios teóricos*. São Paulo: Aderaldo & Rothschild; Fapesp, 2007, p. 249.
2. Daniel Defoe, prefácio a *The Farther Adventures of Robinson Crusoe, of York, Mariner* (1719), em Sandra Vasconcelos, *A formação do romance inglês*, op. cit., p. 249.
3. Id., prefácio a *Serious Reflections During the Life and Surprising Adventures of Robinson Crusoe* (1720), em Sandra Vasconcelos, *A formação do romance inglês*, op. cit., p. 252.

4. Id., 1727, citado em Ioan Williams, *The Idea of the Novel in Europe, 1600--1800*. Londres: Macmillan, 1979, p. 147.
5. Carta de Gildon a Defoe, 1719, citada em Ioan Williams, op. cit., p. 149.
6. Jean Antoine de Charnes, 1679, citado em Ioan Williams, op. cit., p. 76.
7. Ian Watt, *A ascensão do romance*. Trad. de Hildegard Feist. São Paulo: Companhia das Letras, 2010, p. 71.
8. Daniel Defoe, citado em Ian Watt, *A ascensão do romance*, op. cit., p. 97.
9. Id., introdução a *Serious Reflections During the Life and Surprising Adventures of Robinson Crusoe* (1720), em Sandra Vasconcelos, *A formação do romance inglês*, op. cit., p. 254.
10. Id., prefácio a *The Fortunes and Misfortunes of the Famous Moll Flanders* (1722), em Sandra Vasconcelos, *A formação do romance inglês*, op. cit., pp. 259-60.
11. Ibid., p. 259.
12. Erich Auerbach, *Mimesis: A representação da realidade na literatura ocidental*. Trad. de Jorge Sperber. São Paulo: Perspectiva, 1971, pp. 355-6.
13. Anne Louise Germaine de Staël, *De la littérature* (1800). Paris: Flammarion, 1991, pp. 68-9 e 181.
14. Antoine François Prévost, *Histoire du chevalier des Grieux et de Manon Lescaut* (1731). Paris: Librairie Générale Française, 2005, pp. 77-8.
15. Eric Auerbach, op. cit., p. 357.
16. Pierre de Marivaux, *La Vie de Marianne* (1731). Paris: Gallimard, 1997, p. 57.
17. Ibid., p. 61.
18. Ibid., p. 166.
19. Ian Watt, op. cit., p. 216.
20. Samuel Richardson, prefácio a *Pamela, or Virtue Rewarded* (1740), em Sandra Vasconcelos, *A formação do romance inglês*, op. cit., pp. 274-6.
21. Ian Watt, op. cit., p. 158.
22. Samuel Richardson, carta ao dr. Cheyne (1741), em Sandra Vasconcelos, *A formação do romance inglês*, op. cit., p. 300.
23. Id., prefácio a *Pamela, or Virtue Rewarded*, Part II (1742), em Sandra Vasconcelos, *A formação do romance inglês*, op. cit., p. 277.
24. Id., prefácio a *Clarissa, or The History of a Young Lady* (1747-8), em Sandra Vasconcelos, *A formação do romance inglês*, op. cit., pp. 279-82.
25. Id., posfácio a *Clarissa, or The History of a Young Lady* (1747-8), em Sandra Vasconcelos, *A formação do romance inglês*, op. cit., pp. 282-6.
26. Id., sugestões de prefácios para *Clarissa*, em Sandra Vasconcelos, *A formação do romance inglês*, op. cit., p. 293.
27. Ian Watt, op. cit., p. 186.
28. Samuel Richardson, *Pamela*. Parte II, carta cii (1742), em Sandra Vasconcelos, *A formação do romance inglês*, op. cit., p. 278.

29. Henry Fielding, *Shamela* (1741).
30. Id., prefácio a *The Adventures of Joseph Andrews* (1742), em Sandra Vasconcelos, *A formação do romance inglês*, op. cit., pp. 308-15.
31. Id., *The History of Tom Jones*, Livro VIII, capítulo I (1749), em Sandra Vasconcelos, *A formação do romance inglês*, op. cit., p. 337.
32. Id., *The History of Tom Jones*, Livro XIII, capítulo I (1749), em Sandra Vasconcelos, *A formação do romance inglês*, op. cit., pp. 343-4.
33. Id., *The History of Tom Jones*, Livro V, capítulo I (1749), em Sandra Vasconcelos, *A formação do romance inglês*, op. cit., p. 329.
34. Georg Lukács, "O romance como epopeia burguesa". In: *Arte e sociedade: Escritos estéticos 1932-1967*. Org. e trad. de Carlos Nelson Coutinho e José Paulo Netto. Rio de Janeiro: Ed. UFRJ, 2011, p. 202.
35. Reúnem-se aqui algumas das objeções que Watt levanta no capítulo "Fielding romancista: *Tom Jones*", em *A ascensão do romance*, op. cit., pp. 277-309.
36. Ian Watt, op. cit., p. 296.
37. Michael McKeon, "Generic Transformation and Social Change — Re-thinking the Rise of the Novel". *Cultural Critique*, n. 1, pp. 159-81, outono 1985.
38. Ioan Williams, op. cit., p. 195.
39. Henry Fielding, *The History of Tom Jones*, Livro IX, capítulo I (1749), em Sandra Vasconcelos, *A formação do romance inglês*, op. cit., pp. 338-9.
40. Laurence Sterne, *The Life and Opinions of Tristram Shandy*, Volume I, cap. XXII (1759-67), em Sandra Vasconcelos, *A formação do romance inglês*, op. cit., pp. 396-7.

## O APARENTE APOGEU [pp. 63-105]

1. Citado em Thomas Mann, "Goethe como representante da era burguesa". In: *O escritor e sua missão: Goethe, Dostoiévski, Ibsen e outros*. Trad. de Kristina Michahelles. Rev. da trad. de Samuel Titan. Rio de Janeiro: Zahar, 2011, p. 99.
2. Ibid.
3. Johann Wolfgang Goethe, "Shakespeare e o sem fim" (1826). In: *Escritos sobre literatura*. Trad. de Pedro Sussekind. Rio de Janeiro: 7Letras, 2000, p. 39.
4. Id., "Para o dia de Shakespeare" (1771). In: *Escritos sobre literatura*, op. cit., p. 31.
5. Id., *Werther* (1776). Trad. de Galeão Coutinho. São Paulo: Abril, 1983, p. 297.
6. Ibid., p. 310.

7. Eric A. Blackall, *Goethe and the Novel*. Nova York: Cornell University Press, 1976, pp. 15-6.
8. Johann Wolfgang Goethe, *Máximas e reflexões*. Trad. de Marco Antônio Casanova. Rio de Janeiro: Forense Universitária, 2003, máxima 938.
9. Ibid., máxima 939.
10. Eric A. Blackall, op. cit., p. 41.
11. Walter Benjamin, "Goethe". In: *Ensaios reunidos: Escritos sobre Goethe*. Trad. de Mônica K. Bornebusch, Irene Aron e Sidney Camargo. Supervisão e notas de Marcus V. Mazzari. São Paulo: Duas Cidades; Ed. 34, 2009, p. 144.
12. Johann Wolfgang Goethe, *Máximas e reflexões*, op. cit., máxima 977.
13. Walter Benjamin, "*As afinidades eletivas* de Goethe". In: *Ensaios reunidos: Escritos sobre Goethe*, op. cit., p. 121.
14. Stendhal, *Del amor*. Trad. de Consuelo Berges. Madri: Alianza, 2003, p. 90.
15. Ibid., pp. 92-3.
16. Stendhal, *O vermelho e o negro* (1830). Trad. de Raquel Prado. São Paulo: Cosac Naify, 2006, p. 35.
17. Eric Auerbach, *Mimesis: A representação da realidade na literatura ocidental*. Trad. de Jorge Sperber. São Paulo: Perspectiva, 1971, p. 406.
18. Stendhal, *O vermelho e o negro*, op. cit., pp. 59-60.
19. Ibid., p. 383.
20. Citado em Michel Raimond, *Le Roman depuis la Révolution*. Paris: Armad Colin, 2013, p. 49.
21. Stendhal, *O vermelho e o negro*, op. cit., respectivamente pp. 65, 329, 384, 221.
22. Eric Auerbach, op. cit., pp. 408, 414.
23. Georg Lukács, *A teoria do romance*. Trad. de José Marcos Mariani de Macedo. São Paulo: Duas Cidades; Ed. 34, 2000, p. 122.
24. Stendhal, *Del amor*, op. cit., p. 72.
25. Honoré de Balzac, "Introduction aux *Études philosophiques*" (1834). In: *Écrits sur le roman*. Paris: Librairie Générale Française, 2000, p. 102 (salvo quando indicado, todas as traduções são do próprio autor).
26. Id., "Avant-propos à la Comédie Humaine" (1842), em Nathalie Piegay--Gros (Org.), *Le Roman*. Paris: Flammarion, 2005, p. 55.
27. Ibid., p. 59.
28. Honoré de Balzac, "Lettre à madame Hańska du 26 octobre 1834". In: *Écrits sur le roman*, op. cit., pp. 82-5.
29. Victor Hugo, em 1850, citado na introdução de Leila de Aguiar Costa às *Ilusões perdidas*. São Paulo: Estação Liberdade, 2007, p. 14.

30. Georg Lukács, *A teoria do romance*, op. cit., pp. 55 e 71.
31. Honoré de Balzac, "Avant-propos à la Comédie Humaine" (1842), em Nathalie Piégay-Gros, op. cit., p. 59.
32. Id., em *Le Théâtre comme il est*, citado na introdução de Stéphane Vachon a *Écrits sur le roman*, op. cit., p. 24.
33. Franco Moretti, "O século sério". In: *A cultura do romance*. Trad. de Denise Bottmann. São Paulo: Cosac Naify, 2009, p. 838.
34. Honoré de Balzac, *Ilusões perdidas* (1839), op. cit., p. 251.
35. Id., *Eugênia Grandet* (1834). Trad. de Gomes da Silveira. São Paulo: Globo, 1988, p. 90.
36. Ibid., p. 82.
37. Ibid., p. 41.
38. Ibid., p. 92.
39. Honoré de Balzac, prefácio a "Os dois poetas" (1836), em *Ilusões perdidas*, op. cit., p. 725.
40. Theodor W. Adorno, "Lecture de Balzac", citado na apresentação de Leila de Aguiar Costa às *Ilusões perdidas*, op. cit., pp. 16 e 18.
41. Honoré de Balzac, *Ilusões perdidas* (1839), op. cit., pp. 398-9.
42. Ibid., pp. 414-5.
43. Gustave Flaubert, carta de 17 de dezembro de 1852 a Louise Colet, em *Cartas exemplares*. Trad. de Carlos Eduardo Lima Machado. Rio de Janeiro: Imago, 2005, p. 85.
44. Id., carta de 22 de novembro de 1852 a Louise Colet, em *Cartas exemplares*, op. cit., pp. 81-2.
45. Id., carta de 6-7 de junho de 1853 a Louise Colet, em *Cartas exemplares*, op. cit., p. 110.
46. Id., carta de 27 de março de 1853 a Louise Colet, em *Cartas exemplares*, op. cit., p. 97.
47. Id., carta de setembro de 1845 a Alfred Le Poittevin, em *Cartas exemplares*, op. cit., p. 22.
48. Id., carta de 22 de junho de 1852 a Louise Colet, em *Cartas exemplares*, op. cit., p. 72.
49. Id., carta de 18 de setembro de 1846 a Louise Colet, em *Cartas exemplares*, op. cit., pp. 28-9.
50. Id., carta de 16 de janeiro de 1852 a Louise Colet, em *Cartas exemplares*, op. cit., pp. 53-4.
51. Ibid., pp. 52-3.
52. Eric Auerbach, *Mimesis*, op. cit., p. 435.
53. Gustave Flaubert, carta de 26 de agosto de 1853 a Louise Colet, em *Cartas exemplares*, op. cit., p. 125.

54. Id., carta de 14 de dezembro de 1853 a Louise Colet, em *Cartas exemplares*, op. cit., p. 134.
55. Id., carta de 30 de março de 1857 a Mlle. Leroyer de Chantepie, em *Cartas exemplares*, op. cit., p. 163.
56. Id., *Madame Bovary* (1857). Trad. de Sérgio Duarte. São Paulo: Publifolha, 1998, p. 290.
57. Georg Lukács, *A teoria do romance*, op. cit., p. 117.
58. Gustave Flaubert, *Madame Bovary*, op. cit., p. 310.
59. Ibid., pp. 94-5.
60. Id., carta de 17 de junho de 1856 a Louis Bouilhet, em *Cartas exemplares*, op. cit., p. 53.
61. Id., *A educação sentimental* (1869). São Paulo: Jackson, 1963, pp. 24 e 164.
62. Ibid., p. 80.
63. Ibid., p. 206.
64. Fiódor Dostoiévski, *Diario de un escritor*. Trad. de Eugenia Bulatova, Elisa de Beaumont e Liudmila Rabdanó. Madri: Páginas de Espuma, 2010, pp. 11, 12 e 20.
65. Id., *Memórias do subsolo* (1864). Trad. de Boris Schnaiderman. São Paulo: Ed. 34, 2000, p. 139.
66. *Podpólie*, ou subsolo, explica o tradutor Boris Schnaiderman no prefácio, "é também o termo que designa atividade clandestina e subversiva". Ibid., p. 12.
67. Ibid., pp. 16-7.
68. Ibid., pp. 19 e 21.
69. Ibid., p. 57.
70. Ibid., p. 58.
71. Boris Schnaiderman, prefácio a *Memórias do subsolo*, op. cit., p. 11.
72. Fiódor Dostoiévski, *Memórias do subsolo*, op. cit., p. 29.
73. Ibid., pp. 29-30.
74. Ibid., p. 53.
75. Ibid., p. 122.
76. Georg Lukács, *A teoria do romance*, op. cit., p. 160.
77. Fiódor Dostoiévski, *Memórias do subsolo*, op. cit., p. 145.
78. Stendhal, *O vermelho e o negro*, op. cit., p. 470.
79. Liev Tolstói, "Sobre Shakespeare e o teatro (Um ensaio crítico)" (1906). In: *Os últimos dias*. Trad de Anastassia Bytsenko, Belkiss J. Rabello, Denise Regina de Sales, Graziela Schneider e Natalia Quintero. São Paulo: Penguin Classics Companhia das Letras, 2011, p. 323.
80. Ibid., p. 260.
81. Ibid., p. 286.
82. Ibid., pp. 284, 287, 304.

83. Id., "De *O que é arte?*" (1896). In: *Os últimos dias*, op. cit., p. 97.
84. Ibid., pp. 101-2.
85. Ibid., p. 103.

A QUEDA ESPETACULAR [pp. 106-49]

1. Antoine Compagnon, *Os cinco paradoxos da modernidade*. Trad. de Cleonice Mourão, Consuelo Santiago e Eunice Galéry. Belo Horizonte: Ed. da UFMG, 2010, p. 10.
2. Walter Benjamin, "A imagem de Proust". In: *Magia e técnica, arte e política*. Trad. de Sérgio Paulo Rouanet. São Paulo: Brasiliense, 1987, p. 40.
3. Marcel Proust, *O tempo redescoberto* (1922). Trad. de Lúcia Miguel Pereira. São Paulo: Globo, 2013, p. 29.
4. Ibid., p. 195.
5. Ibid., p. 206.
6. Ibid., p. 207.
7. Ibid., p. 212.
8. Maurice Blanchot, "A experiência de Proust". In: *O livro por vir*. Trad. de Leyla Perrone-Moysés. São Paulo: Martins Fontes, 2005, p. 15.
9. Marcel Proust, *O tempo redescoberto*, op. cit., p. 214.
10. Ibid.
11. Ibid., p. 220.
12. Ibid., p. 234.
13. Ibid., p. 227.
14. Ibid., p. 223.
15. Walter Benjamin, "A imagem de Proust", op. cit., p. 36.
16. Maurice Blanchot, "A experiência de Proust", op. cit., p. 23.
17. Richard Ellmann narra os rumores sobre o encontro na biografia *James Joyce*. Trad. de Lya Luft. São Paulo: Globo, 1989, pp. 627-8.
18. James Joyce, *Ulisses* (1922). Trad. de Bernardina da Silveira Pinheiro. São Paulo: Abril Cultural, 1983, pp. 8 e 39.
19. Id., "Drama e vida" (1900). In: *De santos e sábios*. Org. de Sérgio Medeiros e Dirce Waltrick do Amarante. São Paulo: Iluminuras, 2012, p. 46.
20. Carta a Stanislaus, de 1904, publicada em Richard Ellmann, op. cit., p. 212.
21. James Joyce, citado em Arthur Power, *Conversations with Joyce*. Nova York: Barnes and Noble, 1974, p. 86.
22. Ibid., p. 64.
23. Declaração de Joyce a Frank Budgen, citada em Deborah Parsons, *Theorists of the Novel: James Joyce, Dorothy Richardson, and Virginia Woolf*. Abingdon: Routledge, 2007, p. 64.

24. Dujardin, autor do livro *Os loureiros estão cortados*, citado em Richard Ellmann, op. cit., p. 167.
25. Comentário de Joyce a Stuart Gilbert, em 1922, citado em Richard Ellmann, *James Joyce*, op. cit., p. 651.
26. Anthony Burgess, *Homem comum enfim* (1965). Trad. de José Antonio Arantes. São Paulo: Companhia das Letras, 1994, pp. 88 e 99.
27. Declarações de Joyce, de 1923, citadas em Richard Ellmann, op. cit., p. 673.
28. Vladimir Nabokov, citado por Julian Moynahan em "Nabokov and Joyce", em *The Garland Companion to Vladimir Nabokov*. Abingdon: Routledge, 1995, p. 434.
29. Alfred Döblin, "Ulysse, de Joyce" (1928). In: *L'Art n'est pas libre, il agit — écrits sur la littérature (1913-1948)*. Trad. de Michel Vanoosthuyse. Marselha: Agone, 2013, p. 91.
30. Do diário de Virginia Woolf, citado em Deborah Parsons, op. cit., p. 5.
31. Virginia Woolf, "Character in Fiction" (1924). In: *Selected Essays*. Oxford: Oxford University Press, 2009, p. 52.
32. Id., "Modern Fiction" (1923). In: *Selected Essays*, op. cit., p. 12.
33. Id., "Poetry, Fiction and the Future" (1927). In: *Selected Essays*, op. cit., p. 81.
34. Id., "Modern Fiction" (1923), op. cit., pp. 8-9.
35. Id., "Character in Fiction" (1924), op. cit., p. 54.
36. Id., "Modern Fiction" (1923), op. cit., p. 9.
37. Id., "Character in Fiction" (1924), op. cit., p. 51.
38. Deborah Parsons, op. cit., p. 67.
39. Virginia Woolf, *Mrs. Dalloway* (1925). Trad. de Mário Quintana. Rio de Janeiro: Nova Fronteira, 1980, p. 12.
40. Eric Auerbach, *Mimesis: A representação da realidade na literatura ocidental*. Trad. de Jorge Sperber. São Paulo: Perspectiva, 1971, p. 479.
41. Ibid., p. 485.
42. Maurice Blanchot, op. cit., p. 147.
43. Eric Auerbach, op. cit., pp. 483 e 492.
44. Virginia Woolf, "Mr. Bennett and Mrs. Brown" (1924). In: *Selected Essays*, op. cit., p. 3c.
45. Id., "Character in Fiction" (1924), op. cit., p. 54.
46. Macedonio Fernández, *Museo de la novela de la Eterna*. Buenos Aires: Corregidor, 2010, p. 13.
47. Ibid., p. 122.
48. Ibid., p. 21.
49. Ibid., p. 14.
50. Ibid., p. 127.

51. Theodor Adorno, "Posição do narrador no romance contemporâneo". In: *Notas de literatura I*. Trad. de Jorge de Almeida. São Paulo: Ed. 34, 2000, p. 60.
52. Macedonio Fernández, *Museo de la novela de la Eterna*, op. cit., p. 43.
53. Ibid., pp. 44-5.
54. Ibid., pp. 41-2.
55. Juan José Saer, *La narración-objeto*. Buenos Aires: Seix Barral, 1999, p. 26.
56. Macedonio Fernández, *Museo de la novela de la Eterna*, op. cit., p. 265.
57. Antoine Compagnon, op. cit., p. 10.
58. Samuel Beckett, *Mal visto mal dito* (1981). In: *O despovoador / Mal visto mal dito*. Trad. de Eloisa Araújo Ribeiro. São Paulo: Martins Fontes, 2008, p. 45.
59. Beckett em entrevista de 1956 ao *New York Times*, reproduzida em Fábio R. de Souza Andrade, *Samuel Beckett: O silêncio possível*. São Paulo: Ateliê, 2001, p. 186.
60. Beckett em carta de 1937 a Axel Kaun, reproduzida em Fábio de Souza Andrade, op. cit., p. 169.
61. Fábio de Souza Andrade, op. cit., pp. 16 e 20.
62. Samuel Beckett, *Molloy*. Trad. de Ana Helena Souza. São Paulo: Globo, 2007, p. 125.
63. Beckett em diálogo de 1949 com Georges Duthuit, reproduzido em Fábio de Souza Andrade, op. cit., pp. 174-5.
64. Ibid., p. 175.
65. Theodor W. Adorno, *Teoria estética*. Trad. de Fernando Riaza. Madri: Hyspamerica, 1984, p. 235.
66. Beckett em entrevista de 1956 ao *New York Times*, reproduzida em Fábio de Souza Andrade, op. cit., pp. 186-7.
67. Theodor W. Adorno, *Teoria estética*, op. cit., p. 55.
68. Ibid., p. 290.
69. Ibid., p. 38.

A REASCENSÃO POSSÍVEL [pp. 150-80]

1. Theodor W. Adorno, *Teoria estética*. Trad. de Fernando Riaza. Madri: Hyspamerica, 1984, p. 100.
2. Jean-Luc Nancy, *El sentido del mundo*. Trad. de Jorge M. Casas. Buenos Aires: La Marca, 2003, p. 24.
3. Nathalie Sarraute, "De Doistoievski à Kafka" (1947). In: *L'Ère du soupçon: Essais sur le roman*. Paris: Gallimard, 1956, p. 18.
4. Alain Robbe-Grillet, "Sobre algunas nociones perimidas" (1957). In: *Por una nueva novela*. Trad. Pablo Ires. Buenos Aires: Cactus, 2010, p. 59.

5. Nathalie Sarraute, prefácio a *L'Ère du soupçon*, op. cit., p. 10.
6. Alain Robbe-Grillet, "Sobre algunas nociones perimidas" (1957), op. cit., pp. 62-3.
7. Nathalie Sarraute, "L'Ère du soupçon" (1950). In: *L'Ère du soupçon*, op. cit., pp. 62-3.
8. Ibid., p. 79.
9. Alain Robbe-Grillet, "De qué sirven las teorías" (1955). In: *Por una nueva novela*, op. cit., p. 40.
10. Ibid., p. 39.
11. Ibid., p. 42.
12. Nathalie Sarraute, "Conversation et sous-conversation" (1956). In: *L'Ère du soupçon*, op. cit., pp. 116-7.
13. Alain Robbe-Grillet, "Un camino para la novela futura" (1956). In: *Por una nueva novela*, op. cit., pp. 51 e 54.
14. Nathalie Sarraute, "Ce que voient les Oiseaux" (1956). In: *L'Ère du soupçon*, op. cit., pp. 149-50.
15. Julio Cortázar, "Situação do romance" (1950). In: *Valise de cronópio*. Trad. de Davi Arrigucci Jr. e João Alexandre Barbosa. São Paulo: Perspectiva, 2006, p. 62.
16. Ibid., pp. 72 e 74.
17. Alejo Carpentier, prefácio a *El reino de este mundo* (1949), s/p.
18. Gabriel García Márquez em diálogo com Mario Vargas Llosa publicado no livro *La novela en América Latina: Diálogo*. Lima: Carlos Milla Batres — Universidad Nacional de Ingeniería, 1967, pp. 22 e 59.
19. Ibid., p. 48.
20. Gabriel García Márquez, *Vivir para contarla* (2002). Buenos Aires: De Bolsillo, 2004, pp. 270-1.
21. Mario Vargas Llosa, "Cien años de soledad, el Amadís en América" (1967), artigo republicado em: <http://larepublica.pe/17-05-2014/cien-anos-de-soledad-el-amadis-en-america>.
22. Ibid.
23. Mario Vargas Llosa, *La historia secreta de una novela*. Barcelona: Tusquets, 1971, pp. 9, 16, 25.
24. Hal Foster, "El artista como etnógrafo". In: *El retorno de lo real*. Trad. de Alfredo Broton Muños. Madri: Akal, 2001, pp. 175-207.
25. Mario Vargas Llosa, *La historia secreta de una novela*, op. cit., p. 66.
26. Id., *La verdad de las mentiras: Ensayos sobre la novela moderna* (1990). Lima: Peisa, 1996, p. 11.
27. W. G. Sebald, *Guerra aérea e literatura* (2003). Trad. de Carlos Abbenseth e Frederico Figueiredo. São Paulo: Companhia das Letras, 2011, pp. 17 e 30.

28. Ibid., p. 115.
29. Ibid., p. 53.
30. Ibid., p. 57.
31. W. G. Sebald, *Os emigrantes* (1992). Trad. de José Marcos Macedo. São Paulo: Companhia das Letras, 2009, p. 230.
32. Id., *Guerra aérea e literatura*, op. cit., p. 64.
33. Id., *Os emigrantes*, op. cit., pp. 163-4.
34. J.M. Coetzee, "What Is a Classic" (1991). In: *Stranger Shores: Essays (1986-1999)*. Londres: Vintade, 2002, p. 10.
35. Id., *Elizabeth Costello* (1999). Trad. de José Rubens Siqueira. São Paulo: Companhia das Letras, 2004, p. 26.
36. Ibid., p. 46.
37. Ibid., pp. 26-7.
38. J.M. Coetzee, *Diário de um ano ruim* (2007). Trad. de José Rubens Siqueira. São Paulo: Companhia das Letras, 2008, p. 163.
39. Id., "What Is a Classic" (1991). In: *Stranger Shores*, op. cit., p. 15.
40. Id., *Elizabeth Costello*, op. cit., p. 45.
41. Mikhail Bakhtin, "Epos e romance". In: *Questões de literatura e de estética: A teoria do romance*. Trad. de Aurora Fornoni Bernardini. São Paulo: Hucitec, 1988, p. 401.
42. Ibid., p. 397.

# Referências bibliográficas

ADORNO, Theodor W. "Compromiso". In: *Notas sobre literatura III*. Madri: Akal, 2003..
_____. *Notas de literatura I*. Trad. de Jorge de Almeida. São Paulo: Ed. 34, 2000.
_____. *Teoría estética*. Trad. de Fernando Riaza. Madri: Hyspamerica, 1984
ANDRADE, F. R. S. *Samuel Beckett: O silêncio possível*. São Paulo: Ateliê, 2001.
AUERBACH, Erich. *Mimesis: A representação da realidade na literatura ocidental*. Trad. de Jorge Sperber. São Paulo: Perspectiva, 1971.
BAKHTIN, Mikhail. *Questões de literatura e de estética. A teoria do romance*. Trad. de Aurora Fornoni Bernardini. São Paulo: Hucitec, 1988.
BALZAC, Honoré de. *Écrits sur le roman*. Paris: Librairie Générale Française, 2000.
_____. *Étude sur La Chartreuse de Parme*. Paris: La Nerthe, 2014.
_____. *Eugénie Grandet*. Trad. de Gomes da Silveira. São Paulo: Globo, 1988.
_____. *Ilusões perdidas*. Trad. de Leila de Aguiar Costa. São Paulo: Estação Liberdade, 2007.
BARTHES, Roland. *O grau zero da escrita*. Trad. de Mário Laranjeira. São Paulo: Martins Fontes, 2000.
_____. *A preparação do romance I: Da vida à obra*. Trad. de Leyla Perrone-Moisés. São Paulo: Martins Fontes, 2005.
_____. *A preparação do romance II: a obra como vontade*. Trad. de Leyla Perrone-Moisés. São Paulo: Martins Fontes, 2005.
BAUDELAIRE, Charles. *Pequenos poemas em prosa*. Trad. de Gilson Maurity. Rio de Janeiro: Record, 2006.

BAUDELAIRE, Charles. *Sobre a modernidade*. Org. de Teixeira Coelho. Rio de Janeiro: Paz e Terra, 1996.

BECKETT, Samuel. *Molloy*. Trad. de Ana Helena Souza. São Paulo: Globo, 2007.

_____. *Malone morre*. Trad. de Paulo Leminski. São Paulo: Brasiliense, 1986.

_____. *O inominável*. Trad. de Ana Helena Souza. São Paulo: Globo, 2009.

_____. *O despovoador / Mal visto mal dito*. Trad. de Eloisa Araújo Ribeiro. São Paulo: Martins Fontes, 2008.

BENJAMIN, Walter. *Magia e técnica, arte e política*. Trad. de Sérgio Paulo Rouanet. São Paulo: Brasiliense, 1987.

_____. *Charles Baudelaire, um lírico no auge do capitalismo*. Trad. de J. C. M. Barbosa e H. A. Baptista. São Paulo: Brasiliense, 1989.

_____. *Ensaios reunidos: Escritos sobre Goethe*. Trad. de Marco Antônio Casanova. São Paulo: Ed. 34, 2009.

BLACKALL, Eric A. *Goethe and the Novel*. Nova York: Cornell University Press, 1976.

BLANCHOT, Maurice. *O livro por vir*. Trad. de Leyla Perrone-Moysés. São Paulo: Martins Fontes, 2005.

_____. "La literatura y el derecho a la muerte". In: *De Kafka a Kafka*. Trad. de Jorge Ferreiro. México: Fondo de Cultura Económica, 1993.

BOLAÑO, Roberto. *Entre paréntesis*. Barcelona: Anagrama, 2004.

_____. *Bolaño por sí mismo*. Santiago: Universidad Diego Portales, 2011.

_____. *Los detectives salvajes*. Barcelona: Anagrama, 2009.

_____. *2666*. Barcelona: Anagrama, 2004.

BÜRGER, Peter. *Teoria da vanguarda*. Trad. de José Pedro Antunes. São Paulo: Cosac Naify, 2008.

_____. *The Decline of Modernism*. Trad. de Nicholas Walker. Cambridge: Polity, 1992.

BURGESS, Anthony. *Homem comum enfim*. Trad. de José Antonio Arantes. São Paulo: Companhia das Letras, 1994.

_____. *The Novel Now*. Londres: Faber and Faber, 1971.

CALVINO, Italo. *Assunto encerrado: Discursos sobre literatura e sociedade*. Trad. de Roberta Barni. São Paulo: Companhia das Letras, 2009.

CANDIDO, Antonio. *A personagem de ficção*. São Paulo: Perspectiva, 2007.

CARPEAUX, Otto Maria. *História da literatura ocidental*. Rio de Janeiro: Alhambra, 1985.

CARPENTIER, Alejo. *El reino de este mundo*. 2. ed. Madri: Alianza Editorial, 2012.

CASULLO, Nicolás (Org.). *El debate modernidad-posmodernidad*. Buenos Aires: Retórica, 2004.

CERVANTES, Miguel de. *Don Quijote de la Mancha*. Madri: Real Academia Española, 2004.

CHARTIER, Pierre. *Introduction aux grandes théories du roman*. Paris: Armand Colin, 2005.
COETZEE, J.M. *Elizabeth Costello*. Trad. de José Rubens Siqueira. São Paulo: Companhia das Letras, 2004.
_____. *Diário de um ano ruim*. Trad. de José Rubens Siqueira. São Paulo: Companhia das Letras, 2008.
_____. *Stranger Shores: Essays (1986-1999)*. Londres: Vintage, 2002.
_____. *Inner Workings: Literary Essays 2000-2005*. Londres: Barnes & Noble, 2008.
COMPAGNON, Antoine. *Os cinco paradoxos da modernidade*. Trad. de Cleonice Mourão, Consuelo Santiago e Eunice Galéry. Belo Horizonte: Ed. da UFMG, 2010.
CORTÁZAR, Julio. *Valise de cronópio*. Trad. de Davi Arrigucci Jr. e João Alexandre Barbosa. São Paulo: Perspectiva, 2006.
DEFOE, Daniel. *Moll Flanders*. Trad. de Antônio Alves Cury. São Paulo: Abril, 1981.
DÖBLIN, Alfred. *L'Art n'est pas libre, il agit: Écrits sur la littérature (1913-1948)*. Trad. de Michel Vanoosthuyse. Marselha: Agone, 2013.
DOSTOIÉVSKI, Fiódor. *Memórias do subsolo*. Trad. de Boris Schnaiderman. São Paulo: Ed. 34, 2000.
_____. *Diario de un escritor*. Trad. de Eugenia Bulatova, Elisa de Beaumont e Liudmila Rabdanó. Madri: Páginas de Espuma, 2010.
DUBOIS, Jacques. *Les Romanciers du réel: De Balzac à Simenon*. Paris: Éditions du Seuil, 2000.
DUJARDIN, Édouard. *Os loureiros estão cortados*. Trad. de Hilda Pedrollo. Porto Alegre: Brejo, 2005.
DURAS, Marguerite. *Écrire*. Paris: Gallimard, 1993.
EAGLETON, Terry. *As ilusões do pós-modernismo*. Trad. de Elisabeth Barbosa. Rio de Janeiro: Jorge Zahar, 1998.
_____. "Arte después de Auschwitz: Theodor Adorno". In: *La estética como ideología*. Trad. de Germán Cano e Jorge Cano. Madri: Trotta, 2006.
ELLMANN, Richard. *James Joyce*. Trad. de Lya Luft. São Paulo: Globo, 1989.
ENAUDEAU, Corinne. *La paradoja de la representación*. Buenos Aires: Paidós, 1999.
FEHÉR, Ference. *O romance está morrendo?* Trad. de Eduardo Lima. São Paulo: Paz e Terra, 1997.
FERNÁNDEZ, Macedonio. *Museo de la novela de la Eterna*. Buenos Aires: Corregidor, 2010.
_____. *No toda es vigilia la de los ojos abiertos*. Buenos Aires: Corregidor, 2015.
FIELDING, Henry. *The History of Tom Jones*. Londres: Encyclopedia Britannica, 1948.

FLAUBERT, Gustave. *Cartas exemplares*. Trad. de Carlos Eduardo Lima Machado. Rio de Janeiro: Imago, 2005.

_____. *Madame Bovary*. Paris: Gallimard, 2001.

_____. *Madame Bovary*. Trad. de Sérgio Duarte. São Paulo: Publifolha, 1998.

_____. *A educação sentimental*. São Paulo: Jackson, 1963. (Grandes Romances Universais).

FORSTER, E. M. *Aspects of the Novel*. Londres: Penguin, 2005.

FOSTER, Hal. *El retorno de lo real*. Trad. de Alfredo Broton Muños. Madri: Akal, 2001.

FUENTES, Carlos. *La nueva novela hispanoamericana*. México D.F.: Joaquín Mortiz, 1972.

_____. *Geografia de la novela*. México: FCE, 1993.

GARCÍA MÁRQUEZ, Gabriel. *Cien años de soledad*. Buenos Aires: Sudamericana, 1967.

_____. *Vivir para contarla*. Buenos Aires: De Bolsillo, 2004.

_____. *Cómo se cuenta un cuento*. Barcelona: Ollero & Ramos, 2004.

_____; VARGAS LLOSA, Mario. *La novela en América Latina: diálogo*. Lima: Carlos Milla Batres — Universidad Nacional de Ingeniería, 1967.

GOETHE, Johann Wolfgang. *Escritos sobre arte*. Trad. de Marco Aurélio Werle. São Paulo: Humanitas, 2005.

_____. *Escritos sobre literatura*. Trad. de Pedro Sussekind. Rio de Janeiro: 7 Letras, 2000.

_____. *Fausto*. Trad. de Sílvio Meira. São Paulo: Abril, 1983.

_____. *Máximas e reflexões*. Trad. de Marco Antônio Casanova. Rio de Janeiro: Forense Universitária, 2003.

_____. *Werther*. Trad. de Galeão Coutinho. São Paulo: Abril, 1983.

JAMES, Henry. *The Art of the Novel: Critical Prefaces (1884-1912)*. Boston: Boston University Press, 1984.

JAMESON, Fredric. *A virada cultural: Reflexões sobre o pós-modernismo*. Trad. de Carolina Araújo. Rio de Janeiro: Civilização Brasileira, 2006.

_____. "'Fim da arte' ou 'fim da história'". In: *A cultura do dinheiro: Ensaios sobre a globalização*. Trad. de Maria Elisa Cevasco e Marcos Soares. Petrópolis: Vozes, 2001.

JOYCE, James. *De santos e sábios*. Org. de Sérgio Medeiros e Dirce Waltrick do Amarante. São Paulo: Iluminuras, 2012.

_____. *The Critical Writings of James Joyce*. Org. de Ellsworht Mason e Richard Ellmann. Londres: Faber and Faber, 1959.

_____. *A Portrait of the Artist as a Young Man*. Londres: Penguin, 1996.

_____. *Ulisses*. Trad. de Bernardina da Silveira Pinheiro. São Paulo: Abril Cultural, 1983.

JOYCE, James. *Finnegans Wake/ Finnicius Revém*. Trad. de Donaldo Schüler. São Paulo: Ateliê, 2001.
KERMODE, Frank. *El sentido de un final: Estudios sobre la teoría de la ficción*. Trad. de Lucrecia Moreno de Sáenz. Barcelona: Gedisa, 2000.
KRYSINSKI, Wladimir. *La novela en sus modernidades: A favor y en contra de Bajtín*. Madri: Iberoamericana, 1998.
KUNDERA, Milan. *El arte de la novela*. Trad. de Fernando de Valenzuela e Maria Victoria Villaverde. Barcelona: Tusquets, 1987.
LACLOS, Choderlos de. *As relações perigosas*. Trad. de Sérgio Milliet. São Paulo: Abril, 1983.
LISPECTOR, Clarice. *A descoberta do mundo*. Rio de Janeiro: Rocco, 1999.
LUKÁCS, Georg. *A teoria do romance*. Trad. de José Marcos Mariani de Macedo. São Paulo: Duas Cidades/Ed. 34, 2000.
_____. *Arte e sociedade: Escritos estéticos 1932-1967*. Org. e trad. de Carlos Nelson Coutinho e José Paulo Netto. Rio de Janeiro: Ed. UFRJ, 2011.
LYOTARD, Jean-François. *O pós-moderno explicado às crianças*. Lisboa: Dom Quixote, 1987.
_____. *A condição pós-moderna*. Trad. de Ricardo C. Barbosa. Rio de Janeiro: José Olympio, 2006.
MANN, Thomas. *O escritor e sua missão: Goethe, Dostoiévski, Ibsen e outros*. Trad. de Kristina Michahelles. Rev. da trad. de Samuel Titan. Rio de Janeiro: Zahar, 2011.
MARIVAUX, Pierre de. *La Vie de Marianne*. Paris: Gallimard, 1997.
MCKEON, Michael. *The Origins of the English Novel (1600-1740)*. Baltimore, MA: The Johns Hopkins University Press, 1991.
_____. "Generic Transformation and Social Change — Re-thinking the Rise of the Novel". *Cultural Critique*, n. 1, outono 1985, pp. 159-81.
MELVILLE, Herman. *Bartleby, o escrivão*. Trad. de Irene Hirsch. São Paulo: Cosac Naify, 2005.
MORETTI, Franco (Org.). *A cultura do romance*. Trad. de Denise Bottmann. São Paulo: Cosac Naify, 2009.
MOYNAHAN, Julian. "Nabokov and Joyce". In: *The Garland Companion to Vladimir Nabokov*. Abingdon: Routledge, 1995.
NANCY, Jean-Luc. *El sentido del mundo*. Trad. de Jorge M. Casas. Buenos Aires: La Marca, 2003.
ORWELL, George. *Why I Write*. Londres: Penguin, 1984.
PAGEAUX, Daniel-Henri. *Naissances du roman*. Paris: Klinsksieck, 2006.
PARSONS, Deborah. *Theorists of the Modernist Novel: James Joyce, Dorothy Richardson, and Virginia Woolf*. Abingdon: Routledge, 2007.
PAZ, Octavio. *Los hijos del limo: Del romanticismo a la vanguardia*. Barcelona: Seix Barral, 1987.

PENNAC, Daniel. *Comme un Roman*. Paris: Gallimard, 1992.
PIÉGAY-GROS, Nathalie (Org.). *Le Roman*. Paris: Flammarion, 2005.
PIGLIA, Ricardo. *El último lector*. Barcelona: Anagrama, 2005.
POWER, Arthur. *Conversations with Joyce*. Nova York: Barnes and Noble, 1974.
PRÉVOST, Antoine François. *Histoire du chevalier des Grieux et de Manon Lescaut*. Paris: Librairie Générale Française, 2005.
PROUST, Marcel. *Contre l'Obscurité*. Paris: La Nerthe, 2012.
_____. *No caminho de Swann*. Trad. de Mário Quintana. São Paulo: Abril, 1979.
_____. *O tempo redescoberto*. Trad. de Lúcia Miguel Pereira. São Paulo: Globo, 2013.
RAIMOND, Michel. *Le Roman depuis la Révolution*. Paris: Armand Colin, 2013.
RAMA, Ángel. *La novela en América Latina, 1920-1980*. Colômbia: ICC, 1982.
RANCIÈRE, Jacques. *La palabra muda: Ensayo sobre las contradicciones de la literatura*. Trad. de Cecilia González. Buenos Aires: Eterna Cadencia, 2009.
RICHARDSON, Samuel. *Pamela*. Nova York: Signet,1 980.
ROBBE-GRILLET, Alain. *Por una nueva novela*. Trad. Pablo Ires. Buenos Aires: Cactus, 2010.
ROBERT, Marthe. *Roman des origines et origines du roman*. Paris: Gallimard, 2009.
SABATO, Ernesto. *El escritor y sus fantasmas*. Barcelona: Emecé, 2007.
SAER, Juan José. *El concepto de ficción*. Buenos Aires: Seix Barral, 2004.
_____. *La narración-objeto*. Buenos Aires: Seix Barral, 1999.
_____. *Trabajos*. Buenos Aires. Seix Barral, 2005.
SARLO, Beatriz. *Escritos sobre literatura argentina*. Buenos Aires: Siglo XXI, 2007.
SARRAUTE, Nathalie. *L'Ère du soupçon. Essais sur le roman*. Paris: Gallimard, 1956.
SARTRE, Jean-Paul. *Que é a literatura*. Trad. de Carlos Felipe Moisés. São Paulo: Ática, 2004.
SCHÜLER, Donaldo. *Teoria do romance*. São Paulo: Ática, 1989.
SEBALD, W. G. *Guerra aérea e literatura*. Trad. de Carlos Abbenseth e Frederico Figueiredo. São Paulo: Companhia das Letras, 2011.
_____. *Austerlitz*. Trad. de José Marcos Macedo. São Paulo: Companhia das Letras, 2008.
_____. *Vertigem*. Trad. de José Marcos Macedo. São Paulo: Companhia das Letras, 2008.
_____. *Os emigrantes*. Trad. de José Marcos Macedo. São Paulo: Companhia das Letras, 2009.
SIMON, Claude. *Quatre conférences*. Paris: Les Éditions de Minuit, 2012.
STAËL, Madame de. *De la Littérature*. Paris: Flammarion, 1991.

STENDHAL. *O vermelho e o negro* (1830). Trad. de Raquel de Almeida Prado. São Paulo: Penguin Classics Companhia das Letras, 2018. E-book.

_____. *Del amor*. Trad. de Consuelo Berges. Madri: Alianza, 2003.

STERNE, Laurence. *The Life and Opinions of Tristram Shandy*. Londres: Encyclopedia Britannica, 1952.

STEVENSON, Robert Louis. *Literary and Critical Essays*. Londres: Tusitala, [s.d.].

SWIFT, Jonathan. *Gulliver Travels*. Londres: Encyclopedia Britannica, 1952.

TEZZA, Cristóvão. *O espírito da prosa: Uma autobiografia literária*. Rio de Janeiro: Record, 2012.

TODOROV, Tzvetan. *As estruturas narrativas*. Trad. de Leyla Perrone-Moisés. São Paulo: Perspectiva, 2006.

_____. *A literatura em perigo*. Trad. de Caio Meira. Rio de Janeiro: Difel, 2009.

TOLSTÓI, Liev. *What is Art?* Trad. de Aylmer Maude. Indianapolis: Bobbs Merrill, 1960.

_____. *Os últimos dias*. Trad. de Anastassia Bytsenko, Belkiss J. Rabello, Denise Regina de Sales, Graziela Schneider e Natalia Quintero. São Paulo: Penguin Companhia das Letras, 2011.

UNAMUNO, Miguel de. *Niebla*. Madri: Alianza, 2007.

VARGAS LLOSA, Mario. *La verdad de las mentiras: Ensayos sobre la novela moderna*. Lima: Peisa, 1996.

_____. *La historia secreta de una novela*. Barcelona: Tusquets, 1971.

_____. *A orgia perpétua: Flaubert e* Madame Bovary. Trad. de Remy Gorga Filho. Rio de Janeiro: Francisco Alves, 1979.

VASCONCELOS, Sandra Guardini Teixeira. *A formação do romance inglês: Ensaios teóricos*. São Paulo: Aderaldo & Rothschild/ Fapesp, 2007.

_____. *Dez lições sobre o romance inglês no século XVIII*. São Paulo: Boitempo, 2002.

WATT, Ian. *A ascensão do romance*. Trad. de Hildegard Feist. São Paulo: Companhia das Letras, 2010.

WILLIAMS, Ioan. *The Idea of the Novel in Europe, 1600-1800*. Londres: Macmillan, 1979.

WOOLF, Virginia. *Selected Essays*. Oxford: Oxford University Press, 2009.

_____. *The Common Reader (Vol. I)*. Londres: Random House, 2003.

_____. *Mrs. Dalloway*. Trad. de Mário Quintana. Rio de Janeiro: Nova Fronteira, 1980.

ZOLA, Émile. *Écrits sur le roman*. Paris: Librairie Générale Française, 2005.

_____. *Du Roman: Sur Stendhal, Flaubert et les Goncourt (1875-78)*. Paris: Complexe, 1989.

_____. *Germinal*. Trad. de Francisco Bittencourt. São Paulo: Abril, 1981.

# Índice remissivo

Adorno, Theodor W., 31, 82, 89, 136, 143-5, 147, 150
Agostinho, Santo, 11, 32
Alemanha, 65, 168
América Latina, 161-7
amor romântico, 50
Andrade, Fábio de Souza, 142
*Anos de aprendizado de Wilhelm Meister, Os* (Goethe), 68
antirrealismo, 113
antirromance, 17, 54, 60, 138-9
antropologia, 90
*Ao farol* (Woolf), 130
apogeu do romance, 9, 23, 26, 62-4, 83, 101-2, 115, 119
*Apologia pela vida de Mrs. Shamela Andrews, Uma* (Fielding), 54
Aquiles (personagem mitológico), 85
Arguedas, José María, 167
aristocracia, 21, 47, 82, 88, 115
Aristóteles, 56
arte, obras de, 147
arte, visão tolstoiana da, 104
arte autêntica (para Adorno), 143
arte-espelho, 135
artes plásticas, 159
ascensão do romance, 9, 15, 20, 23, 33, 61, 75, 119, 153, 171, 179; *ver também* reascensão do romance
ascensão social, 29, 50
Assis, Machado de, 63
Asturias, Miguel Ángel, 162
atemporalidade, 15, 17
Auerbach, Erich, 23, 41-3, 70, 74, 91, 95, 130, 147
Austen, Jane, 63, 126
*Austerlitz* (Sebald), 171
autobiografia, 97, 162, 170, 176
autoconsciência, 45, 60
autocrítico, romance, 60
autoficções, 172-6
autonomia da arte, noção de, 138
autoridade do narrador, 113, 163-4, 176; *ver também* narrador(es); voz narrativa
autoridade do romancista, 76, 176-7

autoritarismo(s), 172
*Aventuras de Joseph Andrews, irmão de Shamela, As* (Fielding), 54-6

Bakhtin, Mikhail, 13, 178-9
Balzac, Honoré de, 63, 73, 76-83, 85-7, 90, 100
Baudelaire, Charles, 32
Beckett, Samuel, 27, 106, 133, 140-8, 161
beleza, arte e, 88-9, 94, 103-4, 178
Benjamin, Walter, 68, 108, 114
Beyle, Henri, 68-9; *ver também* Stendhal
"biógrafos verdadeiros", 56
Blanchot, Maurice, 111, 114, 131
Blixen, Karen, 106
Bloom, Leopold (personagem), 120; *ver também Ulisses* (Joyce)
Bloom, Molly (personagem), 120, 122
Borges, Jorge Luís, 11, 177
*Bouvard e Pécuchet* (Flaubert), 90
Bovary (personagem) *ver Madame Bovary* (Flaubert)
Broch, Hermann, 106
Brown, Mrs. (personagem hipotética), 132-3, 136
Burgess, Anthony, 122
burguesia, 21-2, 57, 84, 91, 94
Butor, Michel, 155
byronismo, 96

"cânone de interditos" (Adorno), 144
capitalismo, 21, 38, 82, 116
Carpentier, Alejo, 161
casamento e mobilidade social, 29-30, 50
Céline, Louis-Ferdinand, 106
*Cem anos de solidão* (García Márquez), 162-4

Cervantes, Miguel de, 19-21, 23, 35, 56, 87, 100
ceticismo, 58-9
Cinderela (personagem), 48
*Clarissa, ou A história de uma jovem* (Richardson), 30, 51-2, 85, 92
classes, conflito de, 50
clássicos *ver* literatura clássica
Coetzee, J.M., 174-7
comédia (gênero cômico), 37, 55-7, 117, 127-8
*Comédia humana, A* (Balzac), 76-8, 82
Compagnon, Antoine, 107, 140
"conquista verbal da realidade", romance como (Cortázar), 160
consciência, fluxo de, 120-1, 127-8, 131
consciência extrema, 98-9
Cortázar, Julio, 159-60, 165
Costello, Elizabeth (personagem) *ver Elizabeth Costello* (Coetzee)
crise da crise, 144
crise do romance, 23, 26-7, 92, 107, 113, 115, 118-9, 126, 129, 133, 136, 140, 146-7, 149, 151-2, 160, 166, 170, 174
crise do sentido, 140, 143, 151
cristianismo, 15
Crusoé (personagem) *ver Robinson Crusoé* (Defoe)

Danton, Georges-Jacques, 70
decoro, 29
Dedalus, Stephen (personagem), 116, 120, 123; *ver também Ulisses* (Joyce), 116
Defoe, Daniel, 21-3, 33-42, 49, 58, 72, 100, 154, 171-2
Descartes, René, 21, 160
"descoberta" do cotidiano, romance como, 80-1
diálogos, 84, 162

Dickens, Charles, 63
Diderot, Denis, 84
*Do amor* (Stendhal), 69
Döblin, Alfred, 106, 124
*Dom Quixote* (Cervantes), 19-23, 29, 35, 69-70
Dos Passos, John, 106
Dostoiévski, Fiódor, 63, 79, 96, 100, 126
Dujardin, Édouard, 119
Duras, Marguerite, 155

*Educação sentimental, A* (Flaubert), 94-5
Eliot, T.S., 116
*Elizabeth Costello* (Coetzee), 174-5, 177
*Em busca do tempo perdido* (Proust), 108-11, 115
*Emigrantes, Os* (Sebald), 171
empirismo, 58
empreendedorismo, 21
empreendimento coletivo, romance como (Cortázar), 160
engajamento (romance engajado), 31, 89
enredo(s), 12, 16, 25, 28, 37-8, 45, 52, 58, 71-2, 79, 81, 134, 142, 153
epopeia/poesia épica, 12, 56-7, 67, 75, 79
"epopeia burguesa", romance como (Hegel), 57
"epopeia subjetiva", romance como (Goethe), 67
Espanha, 20, 22
"espelho", romance como (Stendhal), 72-3, 180
*Eugénie Grandet* (Balzac), 81-2
Europa, 20, 96, 147
existência humana, 20, 53, 57, 94
existencialismo, 90
exotismo, 165

fábulas, 12, 38
falência da linguagem e do sentido, 142, 144, 148, 151, 153, 156, 174, 180

fantástico, realismo, 162
Faulkner, William, 27, 106, 129
Ferber, Max, 172-3
Fernández, Macedonio, 9, 106, 133-9, 146, 158
ficção, 17, 34, 36-8, 40, 44, 54-5, 59, 77, 109, 116, 125, 127, 154, 169-70, 172-3, 175, 177
"Ficção moderna" (Woolf), 126-7
ficcionalidade, 37, 142, 167, 172
Fielding, Henry, 54-62, 126
*Finnegans Wake* (Joyce), 123-4
Flaubert, Gustave, 29, 63, 79, 85, 87--91, 94-5, 98, 100, 154-5
Floresta Amazônica, 165
fluxo de consciência, 120-1, 127-8, 131
formalismo, 89
Foster, Hal, 166
França, 22, 74, 79, 81
Freud, Sigmund, 119, 158
Fuentes, Carlos, 162, 167
futuro do romance, 179-80

Gadda, Carlo Emilio, 106
García Márquez, Gabriel, 162-4, 167
Gide, André, 96, 106
Goethe, Johann Wolfgang von, 63-5, 67-8, 102-3

Haiti, 161
*Hamlet* (Shakespeare), 103
Hańska, Ewelina, condessa, 77
Hegel, Georg Wilhelm Friedrich, 57
Heitor (personagem mitológico), 85
hibridismo, 172, 175
história da literatura, 56, 122, 124, 132
história do romance, 7-9, 58, 64, 68, 129, 140, 178
"história dos costumes", romance como (Balzac), 80-1
história política, 68

historicidade, 17, 21-2, 52, 57, 86, 178
historiografia, 77, 170, 177
Holocausto, 147, 169
homem solitário, 19, 21, 23, 67
Homero, 56, 85, 87
Hugo, Victor, 78, 87

Idade Média, 20, 164-6
idealismo, 19, 23, 58, 71, 74
ideia de romance, 79, 101-2
*Ilusões perdidas* (Balzac), 82-3
imagens, literatura de, 63, 84, 169, 171, 178
indefinição/instabilidade do romance, 11-4, 61, 75, 179
individualismo, 21, 38
indivíduo sonhador versus realidade malograda, 19
*Infância* (Coetzee), 176
Inglaterra, 20, 22, 40, 49
*Inominável, O* (Beckett), 140, 144
interioridade de personagens, 19, 22, 67, 114, 121, 129, 131, 152-3
inverossimilhança, 163
irrealismo, 30, 165
"irrepresentável", o, 169
Itália, 69

James, Henry, 63, 95
Jones, Tom (personagem) *ver Tom Jones* (Fielding)
jornalismo, 83, 122
Joyce, James, 27, 106, 115-6, 118-25, 129, 135-6, 141
Julien (personagem) *ver* Sorel, Julien (personagem); *Vermelho e o negro, O* (Stendhal)
*Juventude* (Coetzee), 176

Kafka, Franz, 27, 106, 134, 163

La Bruyère, 87
latim, 25
Lesage, Alain-René, 84
língua inglesa, 24, 122, 124, 141
linguagem, falência da, 142, 144
linguagem referencial, 16, 124
línguas românicas, 25
literatura clássica, 55-7, 118, 122
literatura moderna, 118
Locke, John, 21
Lovelace (personagem), 51, 85
Lucien (personagem), 83, 92; *ver também Ilusões perdidas* (Balzac)
Lukács, Georg, 15, 19-20, 32, 57, 75, 79, 92-3, 100, 147

*Macbeth* (Shakespeare), 103
*Madame Bovary* (Flaubert), 29, 91-2, 94-5
*Mal visto mal dito* (Beckett), 145
*Malone morre* (Beckett), 140-1
*Manon Lescaut* (ópera de Puccini), 43
*Manon Lescaut* (Prévost), 42-3
*Margites* (Homero), 56
Marianne (personagem) *ver Vie de Marianne, La* (Marivaux)
Marivaux, Pierre de, 35, 44-6, 56
marxismo, 90
McKeon, Michael, 58
Meireles, Cecília, 11
melancolia, 69, 94-5, 100, 108-9, 111, 117, 158, 171-2
Melville, Herman, 63
*Memórias do subsolo* (Dostoiévski), 96--7, 99, 101
Menard, Pierre (personagem), 177
mente humana, 118-21
metaficção, 60, 122, 134, 136, 139
metafísica, 82, 158
método narrativo, 16, 120

mimese, 12
mobilidade social, 29, 50
modernidade, 15, 20-3, 46, 107, 125-6, 155, 167, 179
Molière, 56, 87
*Moll Flanders* (Defoe), 39, 92
*Molloy* (Beckett), 140-2
monólogo, 12
monólogo interior, 120-2; *ver também* fluxo de consciência
moralidade, 27-8, 40, 43, 47, 49, 51, 55, 72
Moreau, Frédéric (personagem), 95
Moretti, Franco, 80
*Mrs. Dalloway* (Woolf), 129-30
mundo, sentido do, 151
*Museu do Romance da Eterna* (Fernández), 134
Musil, Robert, 106

Nabokov, Vladímir, 124
Nancy, Jean-Luc, 151
Napoleão Bonaparte, 69-70, 74
"narração-objeto", 138
narrador(es), 12, 16, 47, 57, 59, 63, 66, 72, 81-2, 92, 95-100, 108, 110-1, 113, 121, 131, 153-4, 156, 163-4, 171, 174, 176; *ver também* autoridade do narrador; voz narrativa
narrativas medievais, 20
natureza humana, 50, 132
negatividade, 27, 56, 59, 75, 129, 133, 151
nó-desenlace, esquema estrutural, 142
*nouveau roman*, 155
novelas picarescas e pastoris, 20

obscuridade da psique, 120
obscuridade do mundo, 147-8
*Odisseia* (Homero), 122

Onetti, Juan Carlos, 167
óperas, 43
*Orlando* (Woolf), 129

*Pamela, ou a virtude recompensada* (Richardson), 30, 48-51, 53-4, 92
paradoxos do romance, 13, 61, 85, 107, 143, 178
paródia, 54, 122
passado como ficção, o, 177
passado do romance, 155
pastiche, 122
personalidade humana, 118
pessimismo, romance como gênero do, 75, 83
Pétiet, sr. (personagem), 73
"Pierre Menard, Autor do Quixote" (Borges), 177
Pirro, vitória de, 123
poesia, 11, 14, 52, 55, 57, 66, 88, 90, 92, 110, 114, 120, 124, 160
policialesco, gênero, 122
política, 18-9, 68, 74-5, 77, 82, 122, 129, 153, 164
pragmatismo, 21, 23
Prévost, Abade, 42, 52
protagonista(s), 8, 19, 29-30, 33, 46, 51, 54, 57, 61, 69, 71, 83, 94-5, 98, 120-1, 124, 131, 137, 140, 145, 175
protestantismo, 21, 49, 52
Proust, Marcel, 27, 106, 108-9, 111-7, 126, 131, 135-6, 148, 152, 155
psicanálise, 90
psicológico, o, 152
Puccini, Giacomo, 43
Púchkin, Aleksandr, 96

queda do romance, 9, 23, 62, 106-7, 128-9, 133, 148-9, 153
Queirós, Eça de, 63

Quixote (personagem) *ver Dom Quixote* (Cervantes)
Rabelais, François, 56, 87
Racine, Jean Baptiste, 41
Ramsay, Mrs. (personagem), 129
realidade/o real, 13, 15, 18, 28, 59, 131, 135, 158-9, 161, 170, 172-3
realismo, 15-20, 23, 25-7, 29-30, 43, 45-6, 52, 55-6, 74-6, 91, 107, 112-3, 118-9, 121, 123, 135, 137, 139, 143, 151, 158, 162-4, 167; *ver também* romance realista
realismo fantástico latino-americano, 162
reascensão do romance, 62, 119, 129, 148, 150-2, 158, 170-1, 174; *ver também* ascensão do romance
referencialidade, 142
*Rei Lear* (Shakespeare), 103
*Reino deste mundo, O* (Carpentier), 161, 163
representação da experiência do ser, 12
representação do mundo das coisas, 158
Restauração (França, 1814-30), 74
Revolução Francesa (1789), 22, 74
Richardson, Samuel, 21-2, 30, 47-58, 62, 72, 85
Robbe-Grillet, Alain, 152-3, 155-7
Robert, Marthe, 12
*Robinson Crusoé* (Defoe), 21-3, 34-6, 38, 42, 171
romançar, 25
"romance convencional"/ "romance tradicional", arquétipo do, 64
romance engajado, 31, 89
romance histórico, 90
romance moderno, 15, 20, 22-3, 43, 52-3, 58, 62, 84, 122
romance realista, 15, 17-8, 22-3, 135, 176; *ver também* realismo
romancista, romance e, 32
romanesco para o romance, passagem do, 60-2
românicas, línguas, 25
romantismo, 50, 58, 96, 122
*Romeu e Julieta* (Shakespeare), 103
Rulfo, Juan, 162
Rússia, 96, 105

Saer, Juan José, 138
*Salammbô* (Flaubert), 90
Sarraute, Nathalie, 152-5, 157, 159
Sartre, Jean-Paul, 31, 89-90
sátira intelectual, 90
Schlegel, Friedrich, 68
Schopenhauer, Arthur, 68
Scott, Walter, 63
Sebald, W. G., 168-73
Segunda Guerra Mundial, 147, 169-71
sentido, falência do, 144, 148, 151, 153, 156, 174, 180
sentimentalismo, 22
Septimus (personagem), 129
Shakespeare, William, 56, 66-7, 102-3, 129
Shamela (personagem) *ver Apologia pela vida de Mrs. Shamela Andrews, Uma* (Fielding)
Sherazade (personagem), 163
significados, cultura dos, 143
Simon, Claude, 155
*Sofrimentos do jovem Werther, Os* (Goethe), 65-7
*Som e a fúria, O* (Faulkner), 129
sonoridade(s), 86, 90
Sorel, Julien (personagem), 23, 29, 69-71, 73-4, 92, 102; *ver também Vermelho e o negro, O* (Stendhal)
Staël, Madame de, 41
Staël, Nicolas de, 145
Steiner, George, 96

Stendhal, 23, 63, 69, 71, 73-6, 79, 82-3, 86, 100, 143, 154
Sterne, Laurence, 62, 84
subjetividade, 98, 155-6
Svevo, Italo, 106
Swift, Jonathan, 35

temporalidade, 11, 14, 16, 37, 108-14, 142
tensão-distensão, esquema estrutural, 142
teoria da literatura, 178
terror fantástico, 35
tipos universais, 16
Tolstói, Liev, 63, 102-4, 109
*Tom Jones* (Fielding), 57-9
tragédia (gênero trágico), 43, 127-8, 168
trilogia autobiográfica de Coetzee, 176
"trilogia do pós-guerra" (Beckett), 140-4, 147

*Ulisses* (Joyce), 115-6, 119-25
universalismo, 17
utilitária, prosa, 31
utopia(s), 9, 63, 74-5

Valéry, Paul, 144
vanguardas, 27, 31, 107, 129

Vargas Llosa, Mario, 162, 164-5, 167
Vasconcelos, Sandra, 29
*Verão* (Coetzee), 176
"verdade real" versus "verdade literária" (Vargas Llosa), 167
*Vermelho e o negro, O* (Stendhal), 23, 69, 71, 86
verossimilhança, 16, 28-9, 35, 39, 76, 80, 82, 87, 112, 136, 163
vertigem autorreflexiva, 23
*Viagens de Gulliver* (Swift), 35
vício, 54-5, 66; *ver também* moralidade
*Vie de Marianne, La* (Marivaux), 35, 44-7
"virilidade madura", romance como forma da (Lukács), 79
virtude, 41, 66; *ver também* moralidade
Voltaire, 84
voz narrativa, 26, 142; *ver também* narrador(es)

Walpole, Horace, 35
Watt, Ian, 16-7, 38, 49-50, 52-3, 57
Woolf, Virginia, 27, 106, 125-7, 129-33, 135-6, 139, 141, 146, 152

Zola, Émile, 63

ESTA OBRA FOI COMPOSTA POR OSMANE GARCIA FILHO EM MINION
E IMPRESSA PELA GRÁFICA PAYM EM OFSETE SOBRE PAPEL PÓLEN SOFT
DA SUZANO S.A. PARA A EDITORA SCHWARCZ EM ABRIL DE 2021

A marca FSC® é a garantia de que a madeira utilizada na fabricação do papel deste livro provém de florestas que foram gerenciadas de maneira ambientalmente correta, socialmente justa e economicamente viável, além de outras fontes de origem controlada.